交通基础设施
对劳动力就业的影响研究

耿 元◎著

图书在版编目（CIP）数据

交通基础设施对劳动力就业的影响研究 /耿元著．--北京：首都经济贸易大学出版社，2023.5

ISBN 978-7-5638-3475-4

Ⅰ．①交… Ⅱ．①耿… Ⅲ．①交通设施-影响-劳动就业-研究-中国 Ⅳ．①D669.2

中国国家版本馆 CIP 数据核字（2023）第 030469 号

交通基础设施对劳动力就业的影响研究
耿 元 著

责任编辑 晓 地
封面设计 砚祥志远·激光照排 TEL：010-65976003
出版发行 首都经济贸易大学出版社
地　　址 北京市朝阳区红庙（邮编 100026）
电　　话 （010）65976483 65065761 65071505（传真）
网　　址 http://www.sjmcb.com
E- mail publish@cueb.edu.cn
经　　销 全国新华书店
照　　排 北京砚祥志远激光照排技术有限公司
印　　刷 北京九州迅驰传媒文化有限公司
成品尺寸 170 毫米×240 毫米 1/16
字　　数 167 千字
印　　张 10.5
版　　次 2023 年 5 月第 1 版 2023 年 5 月第 1 次印刷
书　　号 ISBN 978-7-5638-3475-4
定　　价 45.00 元

前　言

“十三五”以来，中国经济发展步入经济增速趋缓、经济结构加速优化升级的新常态。与其他要素市场相比，中国劳动力市场的结构性矛盾尤为突出。由于地域广阔、地形复杂，不同地区之间的基础设施条件参差不齐，加上各种历史原因所造成的体制和制度障碍，导致中国劳动力流动成本较高，社会就业存在突出的结构性问题。如何调整和优化劳动就业结构，提高各地区的劳动生产率和资源配置效率，从而推动中国劳动力市场的健康发展和国民经济水平的稳定增长，是中国现阶段经济社会发展的重要任务和挑战。

本书探讨了劳动力就业过程中的交通运输成本及其影响因素，研究了交通基础设施对劳动力就业的影响。在此基础上，本书分别从宏观和微观两个层次进行了实证分析。一方面，采用倾向得分匹配法和倍差法，从宏观层面探讨了以高速铁路为例的交通基础设施的就业效应；另一方面，利用全国劳动力动态调查数据，采用工具变量法和最小二元回归法，从微观层面实证估计了交通基础设施对中国劳动力流动、就业以及收入水平的影响。考虑到性别、年龄、城乡、地区因素在劳动力供给以及收入上的差异，本书在对总体样本进行分析的基础上，分别按照性别、年龄、城乡以及地区的不同进行了分类比较和参数估计。

通过研究发现，交通基础设施与中国全社会劳动力的非农就业量、就业结构、劳动力流动率以及收入水平显著正相关，即交通基础设施发展对全社会劳动力就业具有促进作用，其中，女性劳动力和 40 岁以下青壮年劳动力的就业、跨地区流动及收入水平受交通基础设施的正面影响较大。从城乡、地区的角度看，交通基础设施在城乡、地区之间的就业效应具有显著差别。总体看，交通基础设施水平与城镇地区、东中部地区的劳动力就业显著正相关，而与农村地区的劳动力就业显著负相关；对于西部地区来说，实证研究显示交通基础设施水平与劳动力就业之间没有明显的相关性。这表明，交通基础设施在促进社会就业的同时，也会使劳动力及其他资源加速流向经济发展水平较高的地区，从而对经济发展相对落后的地区产生虹吸效应和收缩效应。因此，面对复杂多变的国际环境和稳中趋缓的国内经济形势，中国政府不仅有必要继续实施以交通基础设施投资为主的积极财政政策，不断提高经济增长质量，促进社会就业；同时也应当统筹规划区域产业结构布局，努力提高地区的宏观投资环境，从而为本地劳动力市场提供更多更好的就业机会。

目　录

1

引　言

1.1 研究背景

1.1.1 现实背景

1978 年改革开放以来，中国政府实行了以市场为导向的经济体制改革，在宪法中明确规定“国家实行社会主义市场经济”，即要形成一个覆盖全社会的、完善统一的市场体系。这不仅意味着商品流通的市场化，而且意味着各种生产要素——资金、技术、土地、劳动力都必须由市场配置。社会主义市场经济体制改革提高了中国的劳动生产率和资源配置效率，给中国的经济社会发展带来了深远影响。在改革开放的推动下，中国国民经济实现了长达 30 多年的高速增长，国民生产总值从 1978 年的 3 645 亿元增加到 2010 年的 397 983 亿元，年均增长率达 9.68%；2010 年，中国经济总规模超过日本，成为世界第二大经济体，人均 GNI（国民总收入）为 4 260 美元，达到中等偏上收入国家水平，创造了经济高速增长的奇迹。

然而，进入 21 世纪以来，特别是“十三五”规划实施以来，中国经济发展逐渐进入经济增速趋缓、经济结构加速优化升级的新常态。与改革开放前期的高速增长相比，中国国民经济在健康发展的同时，也出现了一些转折性变化，突出表现在两个方面。

1.1.1.1 中国国民经济增长速度降低

与改革开放前期的高速增长相比，中国国民经济的增长速度逐渐降低，经济增长的“L 形”走势凸显。图 1-1 为 2010—2019 年中国 GDP（国内生产总值）增长率的变化情况，从图 1-1 中可以看出，中国 GDP 增长率由 2010 年的 10.6%下降到 2019 年的 6%，整体呈下降趋势，特别是 2016 年以来，中国的 GDP 增长率连续 4 年稳定在 6%~7%的区间，经济增长速度已经由高速转变为中高速。综合考虑经济增速变化的持续时间和影响范围，这次经济增速放缓可以说是中国改革开放以来前所未有的。根据世界银行的研究，对于大部分发展中国家来说，当人均收入达到世界中等收入水平以后，如果不能顺利实现经济发展方式的转变，就很有可能导致新的经济增长动力不足，整个经济社会陷入停滞不前的状态，即出现“中等收入陷阱”。国际经验显示，近半个世纪以来在全世界 100 多个中等偏上收入经济体中，顺利进入高收入经济体的国家和地区仅有 13 个，大约 90%的经济体未能跨越“中等收入陷阱”（贾康等，2016）。从中国的现实情况看，在国民经济“L 形”的中高增速下积极推进供给侧结构性改革，提高潜在生产率，培育经济增长新动力，才能成功跨越“中等收入陷阱”，实现国民经济和人均收入水平的持续稳定增长。

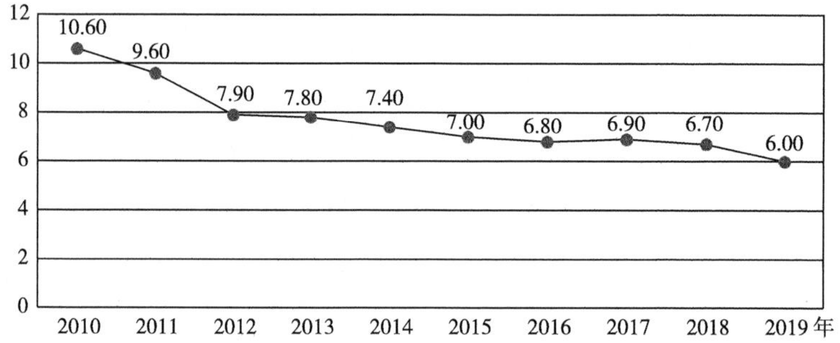

图 1-1　2010—2019 年中国 GDP 增长率（%）

数据来源：根据历年《中国统计年鉴》计算。

1.1.1.2　中国劳动力市场面临挑战

在经济增速放缓的同时，中国的劳动力市场也面临着严峻挑战。

一方面，劳动年龄人口持续减少，劳动力供求不均衡的结构性矛盾日益增大。根据国家统计局的数据，中国劳动年龄人口占总人口的比例从 2010 年起逐年降低，劳动年龄人口数量的绝对值从 2011 年起逐年下降。图 1-2 为 2011—2017 年中国 16~59 岁劳动年龄人口的数量，从图 1-2 中可以看出，中国劳动年龄人口从 2011 年的 94 072 万减少到 2017 年的 90 199 万人，连续六年持续减少。按照总和生育率 1.5 测算，未来中国劳动年龄人口的减幅将不断加快，2020 年之前，劳动年龄人口将年均减少 355 万人，2020—2030 年将年均减少 790 万人，2030—2050 年将年均减少 835 万人（李培林等，2015）。在经济增速放缓的同时，劳动年龄人口的减少加剧了劳动力就业的供求矛盾。根据中国人力资源和社会保障部人力资源市场信息监测中心对全国 100 多个城市公共就业服务机构市场供求状况的持续监测，近年来，中国主要城市劳动力市场的求人倍率（岗位空缺与求职人数之比）① 由 2010 年的 1. 01 提高到 2017 年的 1. 22，求人倍率大于 1 且总体保持上升态势。这意味着中国就业需求的增长速度快于就业供给的增长速度，劳动力市场的主要矛盾正在由供大于求的总量性矛盾逐渐转变为更深层次的供求不匹配矛盾。

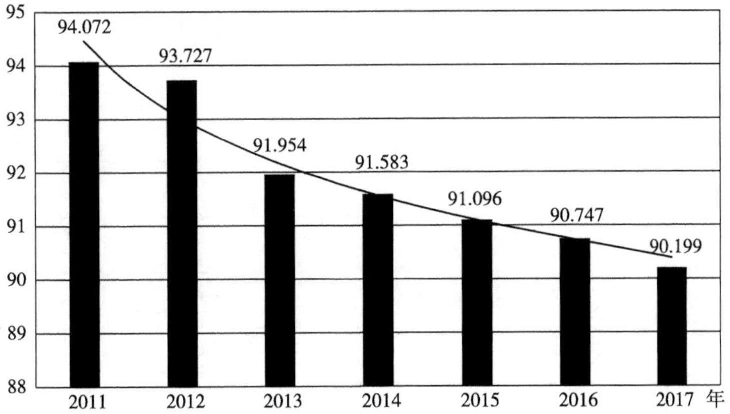

图 1-2　2011—2017 年中国 16~59 岁劳动年龄人口的数量（万人）

数据来源：根据历年《中国劳动统计年鉴》计算。

另一方面，由于中国地域广阔、地形复杂，不同地区之间的人口分布不均，基础设施条件和劳动力市场发育程度参差不齐，导致中国就业分布极不均衡，不同地区之间的就业机会、就业条件以及劳动者的工资收入水平都存在较大差别。根据 2017 年《中国劳动统计年鉴》提供的数据，2016 年底中国东南地区的劳动力就业人口数量显著高于西北地区。例如，位于东南地区的广东省面积为 18 万平方千米，城镇就业人口数量为 1 957. 57万人；而同期位于西北地区的西藏自治区面积是广东省的 6. 82 倍，但其城镇就业人口数量仅为 31. 51 万人，不足广东省的 2%。就业在地区间的不均衡分布加剧了劳动力市场的供求矛盾。图 1-3 为 2015—2017

① 求人倍率=需求人数/求职人数，表明市场中每个求职者所对应的岗位空缺数，如 0. 8 表示 10 个求职者竞争 8 个岗位。求人倍率大于 1，意味着市场对劳动力的需求大于劳动力供给。

年中国主要城市劳动力市场求人倍率的变化，其中不同线条分别代表全国劳动力市场的求人倍率，以及东部、中部和西部地区的求人倍率①。从图 1-3中可以看出，中国不同地区就业岗位的供求比存在较大差异。总体看，东中部地区的求人倍率更接近 1，即劳动力供求相对较为均衡；而西部地区的求人倍率不仅高于东中部地区，同时也高于全国劳动力市场的求人倍率，意味着西部地区的就业需求高于其就业供给；与劳动力聚集的东中部地区相比，西部地区企业招工难的问题更加突出。

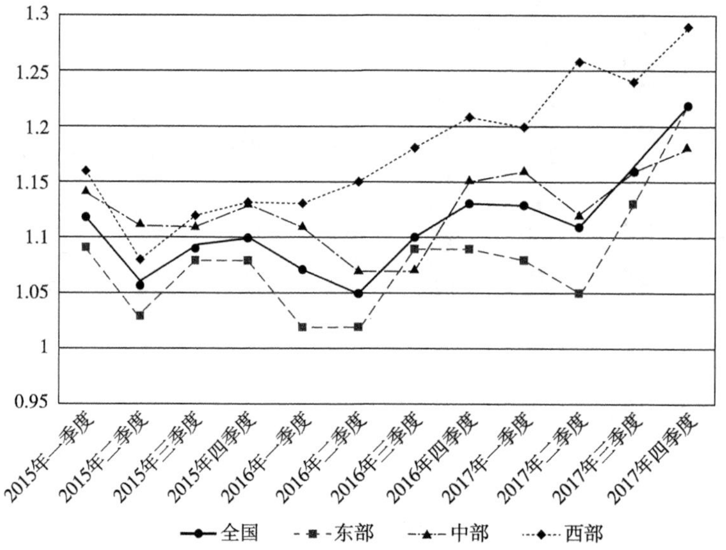

图 1-3　2015—2017 年中国岗位空缺与求职人数之比

数据来源：中国人力资源和社会保障部中国人力资源市场信息监测中心。

在招工难的同时，不同地区劳动力市场的失业水平也存在较大差异。根据《中国劳动统计年鉴》，中国失业率的地区分布并未像就业人口分布那样呈现东南高、西北低的趋势；相反，相当一部分西部省份的失业率高

① 中国东部、中部、西部地区的划分采用国家统计局 2003 年公布的统计标准，即东部地区包括北京、天津、河北、辽宁、上海、江苏、浙江、福建、山东、广东、海南 11 个省、市，中部地区包括山西、吉林、黑龙江、安徽、江西、河南、湖北和湖南 8 个省；西部地区包括内蒙古、重庆、四川、贵州、云南、西藏、陕西、甘肃、青海、宁夏、新疆、广西 12 个省、区、市。

于全国平均水平。以 2017 年为例，全国城镇登记失业率偏高的地区不仅包括东部的上海市（4.1%）和福建省（3.9%），同时也包括中西部地区的黑龙江省（4.2%）、湖南省（4.2%）、四川省（4.2%）和宁夏回族自治区（3.9%）。“社会就业难”与“企业招工难”的问题同时困扰着劳动力供求双方。由此可见，当前中国劳动力市场所面临的不仅是单纯的劳动力供求数量问题，而且是更加复杂的就业结构问题。如何调整和优化劳动就业结构，提高各地区的劳动生产率和资源配置效率，从而推动中国劳动力市场的健康发展和国民经济水平的稳定增长，是中国现阶段经济社会发展的重要任务和挑战。

1.1.2 理论背景

就业问题作为关系国计民生的根本问题，自经济学产生之日起备受关注。从 17 世纪中叶的古典政治经济学到 19 世纪 70 年代的边际革命，从 20 世纪 20 年代的凯恩斯主义到 20 世纪 50 年代的新制度经济学，以及近半个世纪以来的人力资本理论、理性预期学派和货币主义，不同时期、不同流派的经济学家从各自的角度出发，采用抽象演绎、历史归纳和案例分析等方式进行了研究。但是总体看，现有的研究大多建立在以新古典经济学为核心的现代主流经济学的基本分析框架之下，在研究方法上大多采用理性假设和抽象的线性均衡方法，即将劳动力市场抽象成一个没有时间、没有空间的理想世界，把劳动者的经济行为完全归于价格问题，从而把劳动力就业的供求机制看作是市场工资率调节下的价格均衡的实现过程（Robb，1970）。这种方法的优点在于能够从开始就抓住劳动力供求变化的主要特征，但其代价是对现实世界不同程度的简化。1989 年的诺贝尔经济学奖得主特里夫·哈维默指出，新古典均衡分析的最大缺陷在于仅从理想的制度结构出发分析问题，忽略了劳动力的社会属性，从而舍弃了某些理解经济现象的关键因素。换言之，新古典经济学的抽象演绎法脱离了社会、制度、空间等现实因素，简单地将劳动与资本收入的决定方式等同于商品与服务价格的决定方式，在处理宏观问题时采用了个体行为简单累加的方法，所以不能很好地解释劳动力供求的结构性矛盾以及区域失衡问题。

20世纪六七十年代，以美国经济学家西奥多·舒尔茨（Thodore Schults）和加里·贝克尔（Gary Becker）等为代表的人力资本理论，强调了劳动力在经济增长中的作用。他们认为，依附在劳动力身上的人力资本是当今社会促进国民经济增长的主要原因，具备不同人力资本的劳动力之间不能相互替代，其所面临的就业情况也存在较大差异。他们进一步指出，人力资本的获得离不开普通教育、培训、营养与医疗保健、劳动力流动等人力资本投资，其中，劳动力流动是指个人或家庭在工作地域和工作岗位方面的变动，其目的在于改变就业类型和提高就业收入。俗话说“树挪死，人挪活”，从宏观的角度看，劳动力流动的重要意义在于通过交通运输活动，提高劳动者的阅历和知识经验，改善劳动力资源在经济时空结构上的配置，从而最大限度地实现人力资本的社会价值，提高劳动生产率和促进经济增长。人力资本理论弥补了传统经济理论的不足，较好地解释了第二次世界大战后国民财富增长速度大于物质资本消耗速度的经济现象，对本书的研究具有重要的借鉴意义。

20世纪90年代，随着经济全球化与区域一体化的发展，劳动者的跨地区生产和经营活动不断增加，劳动力市场范围也得到了大幅扩展。在这种情况下，经济学与经济地理学研究领域的交织更加明显，以克鲁格曼等为代表的主流派经济学家重新审视了空间因素，以边际报酬递增、不完全竞争以及路径依赖等为基础构建了新经济地理学，进一步弥补了新古典经济理论分析的不足。根据新经济地理学理论，区域间存在萨缪尔森的“冰山式”交通运输成本，如果地区间的交通基础设施发达，运输成本低，则可以降低区域间的冰山成本，促进生产要素和商品在空间上的自由流动（Samuelson，1952）。同样的，从劳动力市场看，不同地区之间的劳动力就业也存在以交通运输为主的冰山成本。通过交通基础设施的改进降低区域间的交通运输成本，将有利于促进劳动力在地区间的自由流动。作为一种人力资本投资，地区间的劳动力流动是否会改善劳动力就业的供求均衡？特别是在当前经济增速放缓，劳动年龄人口减少的新常态下，是否会缓解就业的结构性矛盾，促进经济增长？学术界存在不同观点。按照经典的劳动力供求理论，交通基础设施的改善和交通运输成本的降低，将导致劳动力向工资水平较高的地区流动，带来当地劳动力供给的增加。在劳动力需求一定的情况下，这一方面会增加就业压力，使得部分劳动者特别是低技能劳动者面临较大的失业风险；另一方面会对劳动者的工资水平产生向下压力，降低其名义工资水平。此外，劳动力在某一地区的集中还可能导致当地不可贸易产品价格的提升，从而进一步降低其实际工资水平。在这种情况下，随着时间的推移，各地区的实际工资水平和劳动力就业分布将趋于一致。然而，根据新经济地理学，降低交通运输成本将导致劳动力在工资水平相对较高的地区聚集，从而产生规模经济和聚集效应。一方面，通过规模经济促进当地经济发展并产生新的就业岗位，带来劳动力需求的增加，在其他条件不变的情况下，如果劳动需求的增加大于劳动供给的增加，就会促进当地劳动力市场就业水平的提升；另一方面，通过聚集效应提高劳动生产率，进而促进劳动者工资水平的提高。此外，聚集效应还降低了产品的运输成本和消费的价格指数，从而进一步提高了劳动者的实际工资水平，而实际工资水平的提高则会进一步加强劳动力就业的空间聚集。换言之，交通基础设施的改善和交通运输成本的降低，可能导致劳动力就业在区域分布上的进一步集中，而并非区域间的实际工资趋同于劳动力平均配置。

如上所述，对于交通基础设施的就业效应，不同经济理论的解释各不相同，所得出的结论也存在差异。在现实社会中，交通基础设施作为一种重要的社会间接成本，不仅可以为劳动力的区域间流动创造良好的前提条件，扩大劳动分工和就业既有的时空范围，而且还可以将劳动力市场和其他生产要素市场以及产品市场紧密联系起来，促进劳动力市场在开放的经济体系中不断发育和完善。赵坚（2009）做过一个非常形象的比喻，交通运输类似于人体的血液循环系统，这个系统把人体的各个脏器和组织有机联系在一起，维持着人体的生存和活力。如果没有良好的交通基础设施，劳动力的区域间流动就会面临很多障碍，劳动者就业范围的扩大和就业结构的优化也会受到很大程度的限制。特别是对地域辽阔、人口众多的中国来说，交通基础设施是劳动力进行就业选择的重要影响因素。如何正确理解交通基础设施对劳动力就业的影响机制和作用效果，从而更好地认识和解决劳动力就业中所面临的现实问题，是摆在我们面前的一个重大的经济实践问题，同时也是本书研究的主要问题。

1.2　研究的问题与意义

本书以劳动就业理论为基础，结合人力资本理论和新经济地理理论，构建交通基础设施对劳动力就业影响的理论分析框架。在此基础上，利用宏观统计数据和微观调研数据，对中国交通基础设施的就业效应进行了定量分析。在经济增速趋缓和就业结构矛盾突出的关键时期，深入分析交通基础设施对劳动就业的影响，具有重要的理论和现实意义。

首先，在经典劳动经济理论的基础上，借鉴人力资本理论和新经济地理理论的观点和分析方法，建立跨学科的理论分析框架，一定程度上弥补了传统劳动经济理论因忽视空间区位因素而对就业结构问题认识不足的缺陷。

其次，对政府推进供给侧结构性改革，促进就业增长和优化就业结构，从而提高劳动力资源的配置效率和劳动生产率，实现经济的稳定增长具有重要的政策启示。现阶段中国正处于经济增速降低和劳动人口减少的新常态，劳动力作为供给侧结构性改革中重要的要素之一，其就业的区域分布极不均衡。通过交通运输的发展和交通成本的降低有效促进劳动力就业数量的增加和就业结构的优化，不仅关系到中国劳动生产率的提高和国民经济的增长，而且关系到广大人民群众能否真正享受到社会发展的成果，具有重要的现实意义和深远的战略意义。

最后，从宏观和微观两个层面探讨交通基础设施对劳动力就业的影响，揭示交通基础设施与劳动就业之间的影响机制与作用效果，为政府进行区域发展规划以及交通基础设施投资方面的决策提供理论基础和实证支持。

1.3　研究思路和方法

1.3.1　研究思路

本书的研究目的在于揭示交通基础设施对劳动力就业的影响机制和作用效果，解释在经济发展过程中交通基础设施发展与劳动力就业的逻辑关系。从总体结构看，本书共分为七章，第一章引言，第二章国内外相关理论综述，第三、第四章为理论研究，探讨交通基础设施对劳动力就业的影响机制与传导途径，第五、第六章为实证研究，分析中国交通基础设施对劳动力就业的具体影响和边际贡献，第七章为全书总结。

第一章为引言部分，主要包括本书的研究背景、意义、必要性和价值，提出本书研究的问题和主要内容，介绍本书的研究方法、研究思路以及研究意义，并对相关概念进行明确界定。

第二章为相关理论综述部分，主要从就业与失业问题以及交通与就业关系的思想演进两个方面入手，对国内外有关交通和劳动力就业的相关理论文献进行了系统归纳和整理。通过对现有文献的归纳总结，得到本书研究的理论支持和思路拓展。

第三章和第四章为理论研究部分。第三章将时间和空间价值引入劳动力市场分析，探讨了劳动力市场的经济时空结构和有效距离，并进一步分析了在既定的经济时空结构中，劳动者进行就业和跨地区流动的决策机制，指出交通基础设施作为劳动力市场经济空间结构的联系方式，对劳动者的跨地区流动和就业活动具有重要影响。第四章深入分析劳动力就业过程中的交通运输成本及其影响因素，探讨在短期固定交通基础设施水平下，以及长期交通基础设施发展过程中的劳动力供求机制，以期能更准确地解释交通基础设施对劳动力供给和需求的影响。

第五章和第六章在理论研究的基础上，对中国交通基础设施的就业效应进行了实证分析。第五章从宏观的角度出发，以高速铁路为例，采用倾向得分匹配法和倍差法考察交通基础设施的就业效应。第六章从微观的角度出发，采用中国劳动力动态调查微观数据，运用普通最小二乘法和工具变量回归法，对中国交通基础设施的就业效应进行研究。考虑到中国就业分布不均的实际情况，本书还进一步分析和探讨了交通基础设施在城乡以及不同地区之间对劳动力就业影响的差异。

第七章为研究结论与政策建议部分。这一部分总结了全书的主要内容和核心观点，进一步点明了研究的重要意义和创新之处，并在分析原因的基础上，结合中国交通基础设施以及劳动力市场发展的现实情况，提出了有针对性的对策和建议，以期对中国交通基础设施以及劳动力市场的健康发展有所裨益。

本书的逻辑框架如图 1-4 所示。

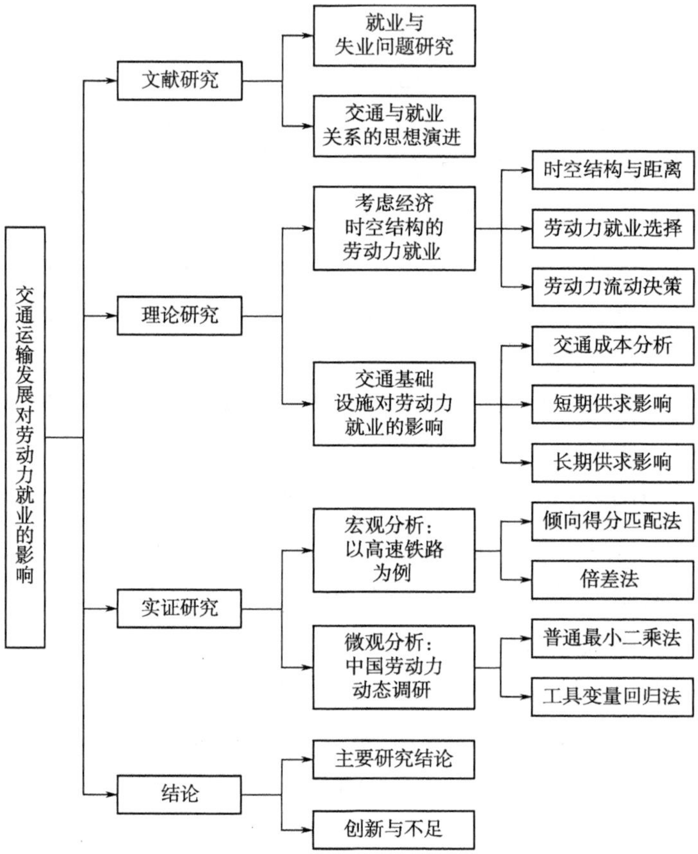

图 1-4　本书的逻辑框架

1.3.2　研究方法

本书属于应用经济学研究，其主要研究对象是交通基础设施对劳动力就业的影响。为了达到研究目的，本书在广泛收集相关的国内外现有的研究资料和借鉴、吸收已有的思想理论成果，以及在追踪最新研究成果的基础上，综合运用劳动经济学、产业经济学、发展经济学以及新经济地理学等相关学科的理论知识，采用匹配倍差法和工具变量回归法等研究手段，对交通基础设施和劳动力就业的相互关系，特别是交通基础设施对就业数量和就业类型、劳动力跨地区流动以及收入方面的影响进行了系统分析。本书在研究过程中主要运用了三种方法。

1.3.2.1 文献分析法

通过搜集、鉴别、整理相关概念和理论，对国内外有关交通基础设施和就业的研究成果进行文献综述，从而尽可能全面地认识有关交通基础设施的就业效应的研究现状，为本书的进一步研究打好理论基础。

1.3.2.2 规范分析和实证分析相结合

在经济学研究中，实证分析主要用来解释经济现象，解答“是什么”的问题，而规范分析则需要根据一定的价值判断，回答“应该是什么样”的问题。一般情况下，实证分析作为揭示经济规律的客观检验，是经济研究的基础；而规范分析作为客观经济现象的价值判断标准，是经济研究的指导思想。本书在分析方法上致力于将实证分析与规范分析有机结合。如前所述，本书主要论证和阐明转型期中国交通基础设施发展和劳动力就业选择之间的关系，这是一个与中国经济社会环境密切相关的现实问题。

为了能够使分析更具体，研究更深入，本书首先创建多元回归模型和结构方程，运用倾向得分匹配法和倍差法，从宏观的角度分析以高速铁路为代表的交通基础设施对就业的影响，并进一步运用工具变量回归法以及普通最小二乘法，从微观的角度对中国劳动力动态调查的微观数据进行实证研究，从而尽可能地避免一般性的说明和评价，使每一个结论的得出有理有据，更有现实性、针对性、说服力；其次，在实证研究的基础上，本书引入价值判断，通过对交通基础设施以及劳动力就业问题的阐述和分析，揭示更深刻意义上交通基础设施对劳动力就业的影响，力求对开放经济中的市场运行规律提供一个完整的逻辑阐释。

1.3.2.3 描述统计与比较分析相结合

没有对比就没有鉴别，比较分析是经济学研究中的一种常见方法。在一般性描述统计的基础上，通过比较分析可以发现事物之间的异同点，分析原因并提供经验借鉴。本书在研究中大量采用了描述统计与比较分析相结合的方法，不仅研究了交通基础设施对全社会就业数量、就业结构、流动和劳动收入的影响，而且对不同地区以及城乡之间的差异进行了比较分析。力求在描述统计和比较分析的基础上，揭示出交通基础设施对劳动力就业影响的内在机理和规律，为未来交通基础设施的健康发展以及劳动力资源的优化配置做好充分准备。

1.4 主要概念界定

1.4.1 交通基础设施的相关概念与内涵

在研究交通基础设施与就业的关系时，首先需要对交通基础设施的相关概念进行明确界定。从目前的研究看，国内外学者对于交通的概念和内涵存在不同的观点。例如，荣朝和（2006）认为，狭义的交通是指通过一定的组织管理技术，实现载运工具在交通运输网络上的流动；广义的交通还包括邮电通信等活动。而赵坚（2008）教授则认为，交通是指连接通达的方式和设施，主要包括铁路、公路、水运、航空和管道五种方式，交通设施是一种投资品。本书采用较为狭义的交通概念，认为交通是指通过运用一定的交通基础设施、交通运输工具、劳动力，以及组织管理技术等要素形成的人流、物流以及相关信息流组成的综合体系。与其他经济系统相比，交通不仅具有消费服务性质，同时也具有空间上的资源配置功能，即交通同时具备满足人们的空间消费偏好和提高资源的空间配置效率二重功能。

有关基础设施的概念以世界银行在《1994 年世界发展报告：为发展提供基础设施》中提出的最为权威。根据世界银行的解释，基础设施主要分为经济性基础设施和社会性基础设施两大类型。经济性基础设施是指永久性的工程构筑物、设备、设施和它们所提供的为居民所用和用于经济生产的服务，包括交通运输、通信、电力等公共设施和公共工程；社会性基础设施则包括教育、卫生、法律、医疗保健和行政管理等方面的内容。由此可知，交通基础设施是一种典型的经济性基础设施。

结合国内外学者的研究，本书中的交通基础设施是指为社会生产和居民生活提供公共服务的交通工程设施，是用于保证国家或地区社会经济活动正常进行的公共服务系统。作为一种基础设施，交通基础设施在不同程度上存在着规模经济，以及使用者与非使用者之间的利益溢出性。因此，对交通基础设施的研究不能不考虑其规模经济效应。

交通基础设施与交通的关系十分密切。在现代社会，交通是由铁路、公路、水运、航空和管道等运输方式构成的陆、水、空三维立体综合体系，包括由交通基础设施和交通运输工具组成的有形资源和由运输组织结构及其相关制度规范组成的无形资源两大部分。交通基础设施主要包括交通运输线路（如铁路、公路、航线、管道等）、交通运输站点（如车站、机场、码头、港口等），及其支持系统（如通信、安全、调度、导航、监控等专用装备系统）和附属设施（如服务站、加油站、维修站、收费站等）等基础设施；交通运输工具则包括火车、汽车、船舶、飞机等运载工具。此外，交通系统的运行不仅需要物理上的交通基础设施网络和运输工具，同时也依赖于既定的运输组织结构，以及决定其组织行为的相关制度规范；换言之，交通是由各种有形的交通运输要素以及无形的组织和制度规范等要素共同构成的有机整体，如图 1-5 所示。

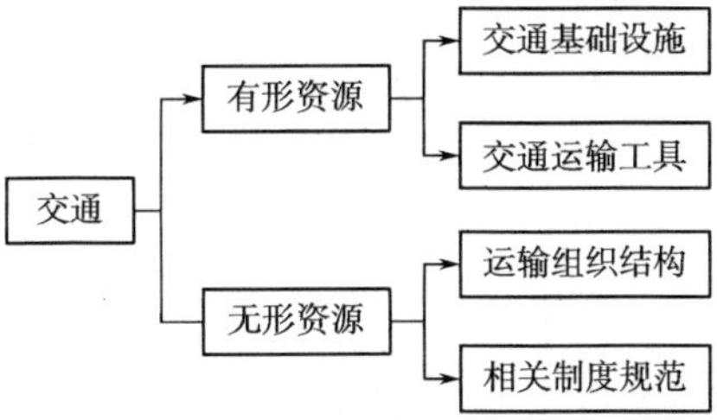

图 1-5　交通的主要内容

从经济社会发展的角度看，交通不仅可以看作交通基础设施和组织结构等实体资源系统，同时也可以看作交通需求和供给的关系系统，即交通是由实体资源和关系网络共同构成的复杂系统。假设交通运输活动为 T，其需求集为 D（d_i），供给集为 S（s_j），则交通可以表示为交通运输需求 D 和供给 S 的笛卡尔积，即：

$$T=D\cdot S=\{(d_i,\ s_j)\ |\ d_i\in D,\ s_j\in S\}$$

其中，交通基础设施作为交通运输供给 S 的重要组成，与交通运输需求 D 共同决定了交通运输活动的方式和频率；而通过交通运输活动，不同地区的劳动力和其他生产要素得以克服空间约束而聚集在一起，形成一定的社会生产活动。由此可见，交通基础设施所影响的不仅是人和物的空间位移服务，更是特定的社会生产或者资源配置功能。换言之，交通基础设施的发展水平不仅改变了劳动力以及其他社会资源的空间流通范围与时效，同时也深刻影响着劳动分工的深度与广度以及产业发展效率。如果缺乏必要的交通基础设施，很难产生相应的社会生产方式；如果交通基础设施的效率和质量达不到一定的水平，相应的社会生产方式也难以有效运行。例如，在交通基础设施发展相对落后的农村地区，劳动力以及其他社会资源与外界的交流较少，劳动力资源配置的主要模式是区域内的自给自足，资源配置的效率也有很大的提升空间。

对于既定的经济体来说，交通基础设施的发展不仅与其交通运输需求密切相关，同时也深受其前向关联产业群和后向关联产业群的影响。其中，前者主要包括来自钢铁、水泥等原材料产业、建筑业、交通运输工具制造业、燃料工业等方面的因素，后者则指交通运输系统直接提供服务的商贸物流、旅游业等产业的影响。事实上，现代交通运输系统具有网络性和复杂性，仅从单个产业或行业本身的角度出发很难解释交通基础设施发展中的许多现实问题。只有从系统的角度出发，才能全面、客观地把握交通基础设施发展的内在规律和发展趋势。

在现实社会中，交通运输活动必然会产生交通运输成本。总体看，经济发展过程中的交通运输成本主要包括两大部分：一是交通基础设施的资源消耗，主要是指交通基础设施规划、投资、建设运营过程中的资源消耗；二是交通运输服务的资源消耗，主要是指交通运输过程中的时间消耗和资本消耗。两者共同构成经济发展中的交通运输成本，如图 1-6 所示。

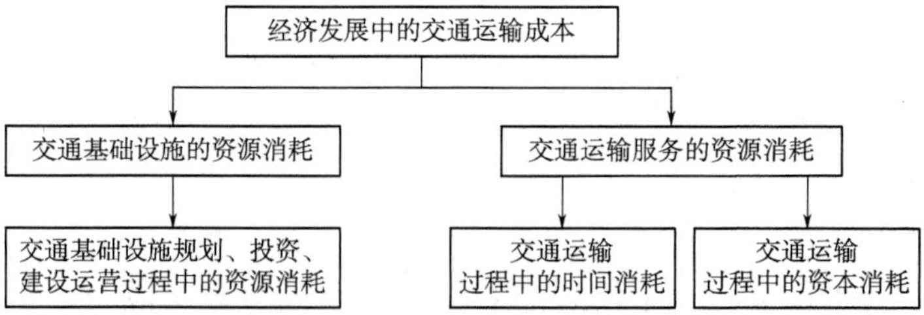

图 1-6　经济发展中的交通运输成本

其中，交通运输过程中的时间消耗作为一种特殊成本，与其他成本相比具有明显的相对性与主观性。首先，由于时间资源不可能脱离事物而独立存在（张黎夫，1998），交通运输过程中的时间成本也具有相对性，即时间成本取决于时间相对于其他资源的相对价值；其次，由于时间资源既无法增加，也无法用于交换，从而使得时间成本带有一定的主观性质，即时间成本的高低在很大程度上取决于时间所依附的权利主体对其相对价值的判断（荣朝和，2011）。

1.4.2 就业与失业的定义与界定标准

根据国际劳工组织的定义，就业是指在劳动年龄范围内，具有一定劳动能力的人为取得工资、实物报酬或经营收入，而从事的生产、经营和服务性活动。中国劳动法的定义是，就业是指在法定劳动年龄范围内（男16~60岁；女16~55岁），从事一定社会劳动并获取劳动报酬或经营收入的活动。其中，劳动报酬达到和超过当地最低工资标准的，为充分就业；劳动时间少于法定工作时间，且劳动报酬低于当地最低工资标准、高于城市居民最低生活保障标准，本人愿意从事更多工作的，为不充分就业。就业规模的大小和就业水平的高低直接关系到劳动力资源的利用程度和社会的福利水平。假设生产中实际利用的劳动力资源总量配置的优劣程度一定，那么就业水平越高，劳动力资源越是接近充分利用，社会福利水平也会越高。

失业与就业相对，指的是劳动力供给与劳动力需求在总量或结构上的失衡形成的，具有劳动能力并有就业要求的劳动者处于没有就业岗位的状态（袁伦渠，2017）。在中国，失业者主要包括劳动年龄之内有就业需求，并且在职业介绍部门或就业服务机构登记尚未工作的人，或者在一定时期内劳动时间或收入水平低于某种标准的人。失业的原因有很多，具体到不同国家和地区或不同的发展时期，其主导因素并不完全相同。国际上一般按照其产生原因，将失业分为四种类型：一是摩擦性失业，主要是指劳动者进入劳动力市场寻找工作，直至获得就业岗位之间所产生的时间滞差，以及劳动者在就业岗位之间变换所造成的失业；二是季节性失业，指的是受生产条件或气候条件、社会风俗或购买习惯的影响，对劳动力需求出现季节性变化而导致的失业；三是结构性失业，即由于经济结构（如产业结构、产品结构、地区结构）的变化所导致的劳动力供求结构上的失衡所引致的失业；四是周期性失业，主要是指市场经济国家由于经济的周期性变化而导致的失业。

作为关系国计民生的根本问题，失业问题一直备受各国关注。然而在失业的界定方面，各国的标准并不完全相同。为了便于国际比较，国际劳工组织（ILO）提出了一个界定失业的参考标准，即失业者必须同时具备以下三点：一是没有工作；二是正在积极寻找工作；三是找到工作之后能够按时到岗。在此基础上，各国根据自己的实际情况将上述标准具体化，进而形成了具有本国特色的失业标准。例如，美国规定劳动者的最低年龄为16岁，而加拿大和欧盟则将15岁定为劳动者的最低工作年龄；美国仅将那些在调查期内工作时间大于15小时，且不计报酬的家务劳动者包括在经济活动人口中，而加拿大和欧盟的经济活动人口则包括所有不计报酬的家务劳动者。

在中国，失业的具体标准一直是一个备受争议的话题。不同学者和工作人员对失业的界定与甄别存在较大差异，所估算出的失业水平也各不相同。例如，李实和邓曲恒（2004）认为，中国城镇经济活动人口不仅包括拥有城市户口的城市居民，同时也包括拥有农村户口的进城农民工，因此，计算城镇失业水平不应忽视城镇中的农民工群体。此外，中国城镇企业中存在不同类型的失业形式，下岗、离岗、放长假、内部退休与待业都应当被界定为失业状态。而胡英（2009）则认为，中国失业水平的界定与测量不仅应当考虑当期经济活动人口的现状，同时也应当考虑生育、死亡以及劳动力流动的变化。就官方而言，改革开放以来至“十一五”期末，即1978—2010年，中国官方正式公布并予以采信的唯一用来反映中国失业规模和失业水平的统计指标，是城镇登记失业人口及其失业率。所谓城镇登记失业人口，是指有非农业户口，在一定的劳动年龄内（男16~60岁；女16~55岁），有劳动能力，无业而要求就业，并在当地就业服务机构进行求职登记的人员；而城镇登记失业率是指在报告期末，城镇登记失业人数占期末城镇从业人员总数与期末实有城镇登记失业人数之和的比例。其中，城镇从业人员中不包括农村劳动力、港澳台和外方人员以及返聘的离退休人员。随着经济的发展以及农村剩余劳动力的大规模转移，中国的劳动力市场发生了较大变化，原有的城镇登记失业率已经不能很好地反映中国劳动力市场的真实失业水平。为此，中国政府决定从 2011 年（“十二五”起始之年）开始，不再使用“城镇登记失业率”指标，而采用“城镇调查失业率”作为就业指标并予以公布，同时发布劳动参与率等其他辅助指标。城镇调查失业率是通过城镇劳动力抽样调查所取得的城镇就业与失业汇总数据进行计算的，具体是指城镇调查失业人数占城镇调查从业人数与城镇调查失业人数之和的比例。为了保证数据的权威性和准确性，在本书的研究中，如无特殊说明，所有的就业和失业率指标均来自官方正式公布的统计数据。

2

理论基础与文献综述

2.1 国内外就业理论综述

2.1.1 国外主要就业理论综述

就业和失业作为关系国计民生的重大问题，长期以来一直是经济学研究的热点和焦点问题。18 世纪，古典经济学的创始人亚当·斯密（Adam Smith）在其著作《国富论》中详细阐述了“劳动决定价值”理论，以及劳动力供求和工资率的运动规律，并指出在自由市场经济体制中，政府应当为普通劳动者提供教育的便利，以克服劳动带给劳动者的愚钝和无知。古典经济学的主要完成者大卫·李嘉图（David Ricardo）则认为，在市场经济中，政府既不能改变土地的稀缺，也不能控制人口的增长趋势，因此应当实行自由市场竞争，尽量避免政府干预。以马歇尔（Marshall）为代表的新古典经济学在就业理论上继承了古典学派的观点和政策主张，认为依靠价格机制这只“看不见的手”，对产品市场、生产要素市场，特别是劳动力市场内部偶然出现的经济失衡会被市场价格的自发调节消灭；在完全竞争的劳动力市场中，劳动力供给与需求存在着自动趋向均衡的趋势，充分就业是市场竞争中的常态，因此，要解决失业问题首先需要解决劳动力市场竞争不充分的问题，政府应当鼓励自由竞争，让劳动力市场自由发展，而没必要充当实现均衡的代理人（萨伊，1803）。

20 世纪 30 年代，世界性经济危机的蔓延和大规模失业的现实，打破了古典经济学和新古典经济学市场万能的神话。以凯恩斯（Keynes）为首的宏观经济学派否定了传统经济学充分就业的假定，深入研究了劳动力未能得到充分利用的原因以及如何达到充分利用的途径，并在此基础上指出，经济中不存在生产和就业向完全就业方向发展的强大自动机制，经济和就业的周期性波动主要来自“有效需求不足”和“工资的刚性”，因此，政府应当对经济进行适当干预，特别是在经济危机的背景下，应当实行扩张性财政政策和扩张性货币政策来扩大内需，以解决经济波动带来的就业问题。凯恩斯的宏观经济学说和扩张性经济政策在当时的资本主义社会产生了深远影响。通过政府财政支出的扩大和税率的降低，有效地推动了当时资本主义市场经济的发展和社会就业的增加。然而，由于没有充分考虑结构性失业问题和总需求有限性等因素，凯恩斯的宏观经济理论还存在诸多不足之处。随着市场经济的进一步发展，其有限性也日益凸显。

到了20世纪六七十年代，世界各主要资本主义国家相继陷入“滞涨”困境，曾经为社会就业做出较大贡献的凯恩斯理论失灵了。在这种情况下，新古典综合派将凯恩斯的宏观经济理论与新古典经济学的微观经济理论进行综合，并在此基础上提出结构性失业问题，认为劳动力市场存在因结构方面的不相适应而造成的结构性失业，微观市场的不完全性和结构的变化导致失业和通货膨胀的并发症。在政策建议上，新古典综合派认为，政府政策的首要目标是经济发展而非就业增长，强调投资对减少失业的重要性，主张使用财政政策和货币政策调节社会总需求，以促进经济的均衡稳定增长和结构性失业的减少。而以弗里德曼为代表的货币学派则持有不同观点。该学派将失业率分为市场失业率和自然失业率，并认为宽松的货币政策只能在短期内增加就业，长期内不可能降低自然失业率。因此，他们提出货币政策的首要任务是维持物价稳定，为经济发展创造一个稳定的货币金融环境，就业问题则应依靠市场去解决。

在大多数经济学家关注发达资本主义国家劳动力就业问题的同时，以刘易斯（Lewis）、费景汉（Fei）和拉尼斯（Ranis）等人为代表的发展经济学派，则把目光投向发展中国家。他们通过对发展中国家经济现象的深入考察，认为发展中国家的经济结构呈现明显的城乡二元化特征，即整个国民经济体系可分为农村传统农业部门和城市现代工业部门两部分。其中，农业部门普遍存在着劳动力剩余的现象，整个经济的发展在某种意义上就是农村剩余劳动力逐步从传统农业部门向城市现代工业部门转移就业的过程。图2-1为二元经济结构下劳动力转移就业的刘易斯模型，其中横轴 OL 表示劳动力数量，纵轴 OW 表示市场工资率水平，OW_1 表示城市工业部门的实际工资水平，折线 W_1PS 则表示劳动力供给曲线。按照刘易斯等人的观点，发展中国家的经济发展可以分为两个阶段：第一个阶段如图2-1中劳动力供给曲线的水平部分 W_1P，是劳动力无限供给的阶段。在这一阶段，城市工业部门只要能够提供大于劳动者最低生活保障的实际工资 W_1，传统农业部门就能够向城市工业部门提供无限的剩余劳动力，即劳动

力供给曲线 S 的弹性为零；直到农业部门的实际工资上升至与城市工业部门的实际工资相等时，即图 2-1 中的刘易斯转折点 P 点，农村剩余劳动力向工业的转移才结束。此时，经济发展开始进入第二个阶段，劳动力的需求曲线 D 的外移将导致劳动力供给 S 的增加和实际市场工资率 W 的提高，而不仅是劳动力供给 S 的无限增加。这也就意味着，劳动力市场上的劳动力供给从长期过剩开始变得富有弹性，而实际工资水平则由长期不变开始转变为普遍上涨。进一步的，刘易斯等人指出，发展中国家在经济发展的第一阶段，即刘易斯转折点 P 点之前，由于存在大量的农村剩余劳动力，劳动力利用不足、人力资源大量闲置是制约其经济发展的重要障碍；只有促进工业和农业两部门的平衡发展，才能有效解决其劳动力流动和就业问题。同时，由于存在大量的农村劳动力流动现象，发展中国家的就业问题还必须结合本国的实际情况，充分考虑劳动力的区域间流动，综合分析，统筹解决。

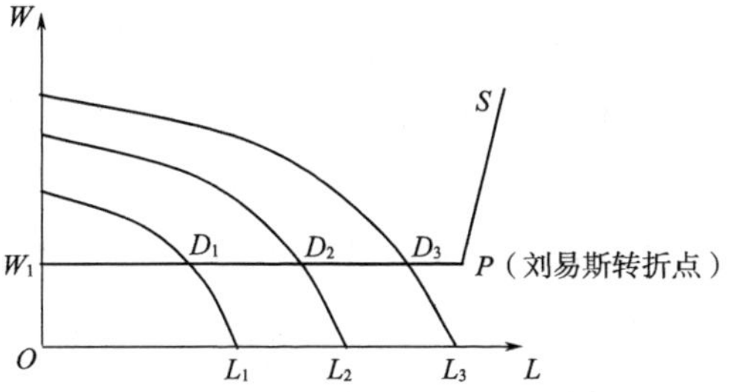

图 2-1　二元经济结构下的刘易斯模型

国外不少学者进一步对劳动力流动的影响因素进行了分析。例如，美国社会学家吉佛（Zipf）认为，两地之间的劳动力流动数量主要取决于其流动距离和两地的人口数量；参考牛顿的万有引力模型，两地之间的劳动力流动模型可以表示为：

$$M_{ij} = k \cdot \frac{p_i p_j}{d_{ij}^a}$$

其中，i 和 j 分别表示迁出地和迁入地，M_{ij} 为迁出地和迁入地之间劳动力流动的数量，p_i 和 p_j 为两地人口总数，d_{ij} 表示两地之间的有效距离，k 和 a 为常数。由此可知，按照吉佛模型，两地之间的劳动力流动数量与两地人口数量的乘积成正比，而与其有效距离成反比。同期的另一位美国学者康维斯（Converse）则认为，p_i、p_j应当看作是两个地区的综合实力水平，即包括经济发展水平、产业结构布局、社会以及自然环境因素在内的总体实力，劳动力流动数量可视为两地之间引力大小的权衡。进一步的，美国人口学家罗瑞（Lowry）在引力模型的基础上，结合劳动力跨地区流动的就业目的，提出了包括失业率、实际工资水平、非农劳动力数量，以及两地之间距离等因素在内的新劳动力流动模型，即：

$$M_{ij} = k\left[\frac{u_i}{u_j}\frac{w_j}{w_i}\frac{p_ip_j}{d_{ij}}\right]$$

其中，M_{ij}为从 i 地到 j 地的劳动力流动数量，u_i和 u_j分别表示两地的失业率，w_i和 w_j表示两地的市场工资率，p_i和 p_j表示两地人口总数，d_{ij}表示两地之间的有效距离，k 为常数。罗瑞认为，劳动力流动数量不仅取决于流动距离以及迁入地和迁出地的人口总数，而且还取决于两地之间市场失业率和工资率的比较。在其他条件不变的情况下，如果一个地区的市场失业率水平高于其他周边地区，那么该地的劳动力就可能会选择迁出；而如果一个地区的市场工资率高于其他周边地区，则其他地区的劳动力可能会选择迁入。

总体看，发展经济学派的研究充分考虑了发展中国家特殊的城乡二元经济结构，对正确认识和解决发展中国家的就业问题具有重要意义；但其不足之处是仅从宏观方面强调劳动力的区域间流动和转移，没有充分考虑劳动力作为转移主体的微观决策行为，也没有足够重视劳动力转移过程中的流动成本，因此不能很好地解释在发展中国家的经济发展过程中，城市非正规部门和农村非农产业对劳动力就业的积极作用。

综上所述，从目前西方主流学者对就业问题的研究看，尽管取得了较大的成就，引发了一系列的理论创新，但仍存在诸多不足之处。这种不足主要表现在两个方面：在理论上，国外学者的研究大多遵循以牛顿经典力学为基础的均衡分析范式，将追求经济利益最大化的理性经济人作为基本前提假设，从而忽略了劳动力市场所处经济时空结构对劳动力跨地区流动和就业的影响；在实践上，国外的研究大多集中在发达资本主义社会，即主要以资本主义经济制度为背景，以发达国家为研究对象，而对于社会主义制度下发展中国家的就业问题则较少涉及，对社会主义市场经济体系中特殊的时空结构、技术、制度等，其他因素对就业影响的研究也非常有限。总体看，西方学者的立论基础、分析思路和研究方法，对本书的研究有一定的帮助；但对于中国独特的经济体制和复杂的社会、历史、制度背景来说，上述研究还是不够的。

马克思对就业与失业问题的研究始于19世纪五六十年代，在其著作《经济学手稿》（1861—1863年）和《资本论》（1867年）中，马克思对资本主义制度下劳动力的基本属性、劳动就业的种类和形式等都有过详细论述。与大多数西方就业理论相比，马克思对就业问题的研究以资本主义制度的性质和资本主义生产方式的发展为依据，把就业问题纳入资本主义经济发展的整体框架，从而将其与剩余价值生产、资本有机构成提高、利润率下降，以及经济危机紧密地联系起来；换言之，马克思的就业理论不仅关注资本主义经济运行的表面现象，而且更深入地研究资本主义的生产方式和经济制度，其对就业问题的关注更多地集中于市场经济的生产领域而非交换领域。具体看，马克思就业与失业问题的研究包括两个方面。

首先，在失业的性质与原因方面，马克思认为，失业是资本主义生产方式发展到一定阶段的产物。在资本主义最初的生产方式下，即简单协作的工场手工业阶段，劳动力是生产机构的起点，资本家获得剩余价值所需的劳动力数量主要取决于现有劳动力之间的分工水平；而资本家要想不断获得劳动分工的利润，就必须不断增加工人数量，吸纳更多的劳动力。因此，在资本主义发展的初级阶段，劳动力市场不但不会出现失业，甚至还有可能出现劳动力供不应求的现象。到了以机器化大生产为主的资本主义发展阶段，劳动过程中的分工与协作机制变成了由生产资料自身性质所决定的技术上的必然选择，即资本主义生产机构的起点由劳动力转变为生产资料，劳动力变为生产的附属。在这种情况下，资本家为了追求剩余价值最大化而不断累积资本，提高资本有机构成，用于雇佣劳动力的可变资本则不断减少。马克思进一步指出：到了机器化大生产阶段，资本家的绝对利益在于从较少的劳动者身上榨取一定量的劳动，而不是用同样甚至更低的成本从较多的劳动者身上榨取相同的劳动。与原有的生产方式相比，此时资本家获得一定剩余价值所需要的劳动力数量大幅减少，相对过剩人口大量出现，并最终造成失业问题。

其次，在失业的表现形式方面，马克思的观点与西方就业理论也存在较大差别。西方就业理论认为，只有在既定年龄范围内具备劳动能力和劳动意愿，但处于失业状态的劳动力才是失业人口。马克思则认为，任何处于半失业或者完全失业状态下的劳动者都属于相对过剩人口（马克思，1975）。在此基础上，马克思将相对过剩人口归纳为三种类型：流动型、潜在型和停滞型。其中，流动型过剩人口指的是处于短期失业状态的相对过剩人口，即劳动者时而失业，时而有工作岗位的不稳定状态，例如，因企业生产萎缩而暂时失业的工人。潜在型过剩人口是指由于被资本主义生产占据了农田而无法从事农业生产，但同时又由于城乡转移障碍而无法进入城市寻找工作的相对过剩人口。这些人虽然留在农村，但都有进入城市实现就业的潜在可能，即是城市产业工人的后备力量。停滞型过剩人口则指资本累积过程中的长期性失业人口，这种失业往往与产业结构和技术结构的调整有关，例如，由于机器和先进生产工具的使用导致劳动生产率提高，对劳动者需求的减少，进而引起的失业问题。值得注意的是，潜在型过剩人口和停滞型过剩人口在西方经济学理论中都不属于失业的范畴，而马克思之所以把他们归为失业，是因为他们并没有被资本主义或机器大工业所雇用，即是被排斥于资本主义生产方式之外的。这是马克思就业理论与西方就业理论的重要区别，同时也体现了马克思对资本主义制度下失业现象的深刻理解。

总体看，马克思就业理论的独特性在于从一开始就把就业与失业问题纳入资本主义经济发展的整体中进行思考，而不是将资本主义经济制度当成既定的外生条件，从而能够深刻揭示出在资本主义制度下劳动力就业和失业的本质，及其随着生产方式发展的演变规律。这种整体的研究方法和严谨的分析思路对于解决中国当前的就业和失业问题具有非常重要的理论和现实意义。但是，由于马克思就业理论的研究对象主要是资本主义制度下的就业与失业问题，对于中国社会主义制度下的劳动力供给和需求矛盾，还需要结合中国的实际情况，做进一步的研究和探讨。

2.1.2 国内主要就业理论综述

中国是世界上劳动力资源最丰富的国家之一，如何提高劳动力市场的就业水平，充分利用中国的劳动力资源优势，是中国社会主义经济发展的基本问题。改革开放以来，随着中国社会主义市场经济体制的建立和完善，就业问题引起经济学界的广泛关注，不同学者从各自的角度，采取不同的方法，对中国的就业和失业问题进行了积极探索，在劳动力转移就业、失业的原因及治理方式，以及人力资本投资等方面都取得了一定成果。

2.1.2.1 劳动力转移就业

国内不少学者已经意识到空间因素对劳动力转移和劳动资源配置的重要影响。例如，张善余在专著《人口地理学概论》（1998 年）中明确指出，劳动力资源的分布主要受社会生产方式制约，同时劳动力的分布状况对生产力也具有反作用。这就意味着劳动力资源的空间布局对经济社会发展具有深远影响。蔡昉和王德文（2003）利用美国人口学家罗瑞（Lowry，1966）的新劳动力流动模型和第五次人口普查数据，对中国劳动力流动的决定因素进行了实证研究，其结果显示，流动距离与中国不同地区之间的劳动力流动数量显著负相关；在其他条件不变的情况下，两地之间的流动距离每增加 1 千米，劳动力流动数量将减少 1. 079 个百分点。现阶段，中国劳动力资源转移和配置的最优目标主要有三个方面：充分就业、良性结构和提高效率。在宏观经济层面，目前中国存在着由制度因素和市场因素所导致的城乡劳动力市场的二元分割，城乡居民在收入水平、生存环境、生活质量、文化素质、国民待遇等方面都存在较大差距。蔡昉（2010）和宋洪远等人（2004）认为，制度因素是限制中国劳动力转移就业的主要影响因素之一，户籍管理、就业政策以及社会保障制度的不平等，导致中国农村劳动力与城市劳动力实际上处于不平等的竞争地位。袁志刚（2008）则指出，农村劳动力的转移就业行为降低了城市劳动力的就业成本，提高了劳动力市场的资源配置效率，对全国劳动力市场的发育具有积极的意义。在微观经济层面，影响中国劳动力转移就业的因素有很多。邓蒙芝等（2011）通过分析中国科学院农业政策研究中心 2008 年在全国 5 个省份组织的抽样调查数据，指出影响农村劳动力外出异地就业的首要因素是劳动力外出的预期收入水平以及就业信息的外部环境因素；刘学军（2008）的研究则显示，人力资本存量的高低对于劳动力转移也有一定影响，从中国农村劳动力市场的实际情况看，人力资本禀赋较低的农村劳动者具有更高的异地转移倾向。此外，都阳（2009）等学者指出，劳动力的转移就业行为与其家庭的决策行为密切相关，换言之，家庭特征变量对劳动者的就业决策行为具有较大影响。研究显示，中国农村地区中劳动力资源丰富的家庭具有较高的转移就业倾向，即劳动者更愿意选择到异地就业（蔡昉，2008）。同时，对于农村劳动者来说，农业生产条件越优，劳动力资源配置的分散化程度越低，非农产业的劳动力供给时间也越少。

2.1.2.2　失业的形成原因及其治理方式

国内学者对失业的形成原因及其治理方式进行了大量研究，研究角度、研究方法以及所涉及的研究对象各不相同。部分学者将中国当前的失业问题归因于长期以来的二元经济结构，认为城乡二元结构所导致的发展型失业是中国现阶段劳动力市场最主要的失业类型。例如，刘润（2015）认为，改革开放以来，中国二元就业结构的转变明显滞后于二元经济结构的转变，而工业化和城市化的发展是导致中国农村劳动力资源相对过剩与有效利用率不足的直接原因，因此，合理调整城市化和工业化进程是解决中国就业问题的有效方法。而另外一些学者则强调，结构性失业是当前中国失业问题的主要类型，如何解决结构性失业问题是目前中国各级政府的当务之急。例如，付纪元（2015）通过研究发现，现阶段中国正处于经济发展和产业结构转型的关键时期，劳动力失业和用人单位岗位空缺的并存是中国劳动力市场的一个普遍现象。因此，政府应当采取适当的公共培训措施提高劳动者的综合素质水平，缓解社会就业压力。此外，还有一些学者把中国的失业问题归因于人口政策和庞大的人口基数，认为由于历史上的人口政策失误，导致中国现阶段的劳动力资源严重供过于求，社会就业形势十分严峻。例如，朱炼彬（2015）认为，由人口自然增长所引起的劳动力供给数量的持续增长，是影响中国劳动力失业水平高低的重要因素，在劳动力需求数量相对稳定的情况下，通过有效控制劳动力供给数量，可以较好地解决目前中国经济发展中的就业和失业问题。

2.1.2.3　人力资本投资

近年来，随着科技的进步和知识经济的兴起，人力资本在劳动力就业过程中的作用日益重要，相应的，越来越多的研究者开始关注于劳动力就业过程中的人力资本投资。从目前的研究状况看，国内学者对人力资本和就业的研究大多以西方人力资本理论为基础，同时结合了中国劳动力市场的实际情况，所得出的结论具有较好的针对性。例如，侯风云（1999）在系统分析中国人力资本形成过程的基础上，指出人力资本在中国的经济发展和社会就业中具有非常重要的地位；魏众（2014）则通过研究中国经济活动人口的健康状况和就业参与情况，指出健康对于中国劳动者的就业参与决策具有很大影响。总体看，目前中国国内学者研究比较集中的领域有两个。一是人力资本投资与劳动力就业总量的关系。例如，李玲（2003）、陆根尧（2004）、张一力（2005）等人分别从不同的角度出发，对中国的经济发展和劳动就业之间的关系和相互作用进行了深入系统的研究分析，并认为二者之间呈正相关关系。二是国内关于人力资本投资与收入分配的研究也比较多。例如，赖德胜（1998）提出了教育与收入不平等的倒"U"形假说，并就中国教育与收入分配的现实情况进行了实证分析。秦兴方（2003）则将重点放在了信息不对称条件下的人力资本投资问题上，对普通劳动者、技术人员和企业家的人力资本报酬机制问题进行了深入分析和探讨。作为一种重要的人力资本投资，劳动力的跨地区流动在劳动力就业过程中的作用也日益受到国内学者的重视。例如，王桂新等（2012）对农村劳动力流动的影响因素进行了深入分析和探讨，并指出年龄、文化程度、家庭规模和收入水平，对农村劳动力的城市化流动具有重要影响，而婚姻、性别等个人因素的影响相对较小。樊胜根（2009）以及邓蒙芝、罗仁福等（2011）则分别利用中国县级和村级的调研数据，分析了农村交通运输条件改善对农村经济发展和劳动力就业的影响，认为农村交通运输的发展可以促进农村地区非农就业机会的增加。

2.1.2.4 劳动力供求关系

在劳动力供求关系，特别是农村剩余劳动力供给方面，国内学者也进行了大量研究。从发展的角度看，作为世界上最大的发展中国家，中国劳动力市场上存在大量农村剩余劳动力，在经济发展过程中，农村剩余劳动力向城市的大规模转移就业是支撑中国经济快速增长的重要动力。2005年，蔡昉首次提出中国将出现劳动力短缺问题，通过研究人口年龄结构，推测中国劳动年龄人口的相对数量和绝对数量将出现下降。此后，蔡昉又多次指出，中国沿海地区的民工荒问题不是暂时现象，中国经济发展的刘易斯转折点已经到来，农村剩余劳动力不再是无限供给。蔡昉的研究得到了一些学者的认同。例如，吴要武（2007）认为，中国已于2002—2004年形成刘易斯拐点，劳动力短缺普遍存在。王德文（2009）也认为，近年的民工荒意味着中国的劳动力市场发生了根本性变化，中国已经越过刘易斯第一个拐点。但与此同时，蔡昉的论断也受到了许多学者的质疑与批评，例如，侯东民等（2009）认为，民工荒的出现具有结构性原因，农民工工资的快速增长不完全是市场原因。周祝平（2009）、耿元等（2009）、周天勇等（2010）的研究也显示，民工荒问题并不意味着中国的劳动力供求形势发生了根本性转变。近年来，随着中国经济发展进入增速趋缓的新常态，不少学者对新形势下的劳动力供求进行了研究和探讨。例如，蔡昉（2016）认为，目前中国出现越来越严重的劳动力短缺，从而导致经济增长的动力不足；曾湘泉（2017）对中国的就业形势保持乐观态度；而吴要武等（2018）则通过分析2010—2016年全国流动人口动态监测调查数据和国家统计局公布的汇总数据，指出中国劳动参与率显著下降，失业人数高达3 091万人，就业形势十分严峻。

从总体看，国内学者的研究较好地结合了中国经济发展和劳动力市场的实际情况，在理论基础和研究方法上综合考虑了中国特殊的社会、文化和技术背景，取得了较为丰富的研究成果。但是，现有的国内研究在分析劳动力流动和就业的影响因素时，大多强调户籍、土地政策等制度性因素，对劳动力市场的经济时空结构特别是空间结构的影响方面研究不足，在交通基础设施的就业效应方面也有待更加系统深入的探讨。

2.2 交通基础设施与劳动力就业关系的思想演进

在当前的经济学研究中，交通基础设施属于产业经济学或运输经济学的范畴，劳动力就业与失业问题属于劳动经济学的范畴。从现有的研究状况看，有关交通基础设施和劳动力就业关系的研究较为有限。国外学者主要围绕斯密定理（劳动分工受市场范围限制）展开，探讨交通基础设施与市场规模、经济活动空间和经济增长之间的关系；而国内学者的研究大多集中在交通基础设施与经济发展的关系方面，有关交通基础设施影响劳动力就业的文献相对较少，其研究的深度和广度也有待进一步拓展。

2.2.1 交通基础设施与市场规模的相关研究

有关交通基础设施和市场规模的研究至少可以追溯到18世纪70年代。古典经济学家亚当·斯密在《国富论》（1776年）中明确指出，交通对市场范围具有重要影响。他通过计算伦敦和爱丁堡之间陆运和水运两种运输方式费用的差额，说明水运开拓了比陆运大得多的市场，并由此得出结论：交通基础设施的发展减少了运输费用，因而可以开拓更大的市场。进一步的，斯密指出，交通基础设施状况和劳动分工具有密切关系。一方面，市场范围的大小主要取决于交通基础设施和人口的聚集程度两方面因素，而市场范围和交换能力的大小决定了劳动分工的发展和专业化水平的提高；另一方面，劳动分工的深化和专业化水平的提高又可以提高劳动生产率，促进交通基础设施的进一步发展，如图2-2所示。德国历史学派的先驱弗里德里希·李斯特（Friedrich. List）在代表作《政治经济学的国民经济体系》中指出，交通基础设施发展既是工业化的结果，又是工业化的原因。他通过比较不同地区的交通基础设施情况和市场经济情况得出，交通基础设施是市场经济发展的重要因素。

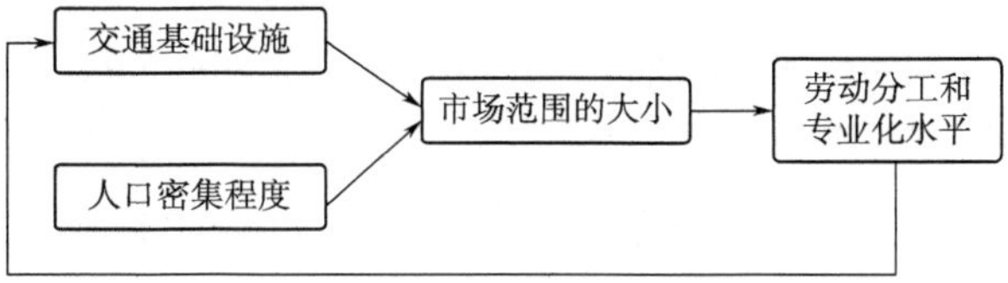

图2-2 交通基础设施与市场规模的关系

继斯密等人之后，英国著名经济学家马歇尔也对交通基础设施和市场规模的关系进行了深入研究。他在观察和分析英国经济发展的基础上指出，19世纪英国经济的发展很大程度上得益于交通基础设施的发展。一方面，交通基础设施的改进降低了交通运输成本，从而使得人们能够从更遥远的地区购买商品，扩大了商品既有的空间范围；另一方面，在交通运输的对象方面，马歇尔认为，商品的可运性是决定其市场范围大小的重要影响因素，只有具备相当的耐久性、经得起长途运输的产品，才能够拥有较大的市场范围。由此，马歇尔得出结论：交通是影响生产力布局的重要因素，交通基础设施的便利和交通运输成本的低廉对商品市场范围的扩大具有深远影响。进一步的，马歇尔还试图将交通运输成本和市场的空间维度纳入一般均衡框架，但始终“没有找到一种合适的方式来处理规模经济和寡头垄断问题”。此外，当代经济史学家、哈佛大学教授兰德斯（Landes，1983）也认为，交通基础设施对市场范围的扩大具有重要影响，他指出19世纪英国交通基础设施的发展扩大了其市场范围，加速了其经济发展和专业化进程，并成为导致英国工业革命的一个重要因素。

马克思对于交通基础设施和市场规模的关系也有过精辟阐述。马克思在《资本论》中明确指出：资本主义社会中市场的供给和需求除了受产品或生产要素自身理化性质的影响之外，还受其所处时空状态的影响。因此，交通基础设施对于市场供求可能达到的空间范围（不考虑经济因素）有较大的影响；而且，随着市场经济的发展，这种影响也将越来越大。一方面，生产要素、商品和服务的竞争能力与其所处的时空状态紧密相关，而交通正是通过改变商品的时空状态，改变其市场竞争能力；另一方面，交通基础设施的发展会降低生产要素和商品的交通运输费用，从而提高产品和服务在另一空间的竞争能力，扩大产品和服务的市场范围。

在马克思之后，有关交通基础设施和市场规模的研究大多比较分散。例如，美国麻省理工学院教授金德尔伯格（Kindleberger，1991）认为，交通运输成本的下降扩展了重型货物的市场交易范围，促进了世界贸易的发展。而著名经济学家沃尔特·罗斯托（Rostow，1960）则把交通等基础设施看作是社会先行资本，认为它们是经济发展的前提条件和表现特征。但是总体看，在主流经济学的分析框架中，交通基础设施与市场规模的关系始终没能成为主要的研究对象。到了20世纪90年代，美国乔治美森大学肯尼斯·巴顿教授（Button，1993）在回顾19世纪铁路革命性发展到20世纪80年代综合交通运输体系发展的基础上，客观评述了交通基础设施与市场经济之间的相互关系。巴顿指出，尽管交通基础设施的发展对市场规模的扩大具有重要的推动作用，但是从世界各地的发展经验看，交通基础设施与市场经济发展之间并不存在必然的因果关系。在现实世界中，市场经济发展是一个动态、多维的复杂过程，交通基础设施能够促进市场规模的扩大和劳动力资源的开发，但是并不一定会带来经济的同步增长；换言之，交通基础设施是市场经济发展的必要条件，但并非充分条件。进一步的，巴顿指出，不同国家对不同交通运输方式的适用性各不相同，对于发展中国家来说，其交通基础设施的供给结构通常与供给总水平一样重要，交通基础设施的发展对于市场规模的扩大，以及城市的发展都具有重要的推动作用。

2.2.2 交通基础设施与经济活动空间的相关研究

国外对于交通基础设施与经济活动空间的研究始于 19 世纪 20 年代。从现有的研究看，国外有关交通基础设施与经济活动空间的理论可分为三大支流：一是德国经济学家冯·杜能（Thünen，1826）的农业区位论；二是阿尔弗雷德·韦伯（Weber，1909）的工业区位论；三是沃尔特·克里斯塔勒（Christaller，1933）和奥古斯特·廖什（Losch，1944）的中心地理理论。在以上研究的基础上，以克鲁格曼（Krugman，1979）为代表的经济学家将规模经济融入空间区位与市场交易的一般均衡模型中，为交通经济理论的发展做出了突出贡献。

19 世纪初，德国经济学家冯·杜能深入考察了交通运输费用对农业生产布局的影响。杜能在著作《孤立国同农业和国民经济的关系》（简称《孤立国》）中指出，农业土地利用类型的区位选择具有一定的规律性，农业生产的集约化程度和农业土地的利用类型，不仅取决于土地的天然特性，而且取决于其经济状况，特别是农产品产地到消费地（市场）之间的距离。在一个匀质的空间中，市场距离所导致的交通运输成本，不仅决定了农民是否种植以及种植哪种作物，而且决定了土地是否拥有租金以及租金的高低。这就意味着，交通运输成本决定了生产或产品的地域分布（Thünen，1826）。杜能的区位理论首次将空间摩擦对人类经济活动的影响加以理论化和体系化，尽管其研究对象是农业和农产品市场，但实际表达的意思却是交通运输成本与城市发展之间的内在逻辑；换言之，杜能的研究不仅揭示了农业土地利用的规律，而且对城市土地利用的研究也具有重要的指导意义。

继杜能的农业区位论之后，不少经济学家开始从交通运输成本的视角出发，对工业区位问题进行研究和探索。其中，德国经济学家龙哈德（Launhardt）运用几何学和物理学的方法研究交通运输指向问题，对交通运输费用与经济活动区位的关系进行了开创性的研究，同时也为工业区位理论的研究开辟了一条精密化、计量化的道路。在此基础上，工业区位理论的创始者阿尔弗雷德·韦伯（Alfred Weber）通过研究指出，交通运输费用决定着工业区位的基本方向，理想的工业区位是运距和运量最低的地点；进一步的，韦伯在模型中引入劳动力费用和聚集因素，认为除交通运输费用以外，劳动力费用和聚集因素也会对工业最优区位产生影响，甚至从一定意义上讲，交通运输费用、劳动力费用和聚集因素是工业区位指向的决定性因素。在研究方法上，韦伯首次将抽象和演绎的方法运用于工业区位分析，为之后的区位论学者提供了一定的理论基础和方法借鉴。但是，韦伯的研究还存在不少局限性，在有关交通运输费用、劳动力费用以及聚集因素对工业布局的影响方面，其研究略显简单，并且忽略了简单劳动密集型产业与技术密集型产业的区别等重要问题，为以后的区位论学者留下了很大的研究空间。

总体看，以杜能和韦伯为代表的古典区位理论主要以成本—效益分析为主，进行静态的局部均衡研究，因此也被称为成本学派。在他们以后，不少经济学家对空间区位理论做了进一步研究，并指出生产成本的最低点并不一定意味着利润最大化，因此生产成本的最低点并非厂商最优区位的选择点。随着市场对经济活动影响的不断增大，德国城市地理学家沃尔特·克里斯塔勒（Christaller，1933）和空间经济学家奥古斯特·廖什（Losch，1940）所提出的以市场为中心、以获取最大利润为目的的中心地理理论逐渐受到重视。其中，克里斯塔勒通过研究德国南部城市和乡村集镇与其周边的农村服务区之间的空间结构特征，指出经济距离，或者说交通运输费用在促进中心地带的形成及其发展过程中具有十分重要的意义；交通运输费用的降低不仅可以扩大商品的市场范围，同时也可以激励生产的空间集聚，促进中心城市的经济发展。而廖什则明确指出，工业布局的原则既不是杜能提出的收益最大化，也不是韦伯提出的成本最低化，而是市场利润最大化，寻求最大化利润是工业区位决策的根本出发点。廖什在著作《经济空间秩序：经济财富与地理空间的关系》（1954 年）中，进一步阐明了生产边际区位、市场特惠地点和交通运输节点的概念和相互关系，并指出交通运输节点往往具有生产聚集和市场集中两方面优势，发展交通枢纽对国家或地区的经济建设具有深远的战略意义。此外，美国经济学家阿兰索（Alonso）在区位边际均衡和区位边际收益等空间经济学理论的基础上，提出了城市产业竞租理论①和同心圆土地利用模式，并用图表的方式形象描述了交通距离对城市产业空间布局的影响，如图 2-3 所示。

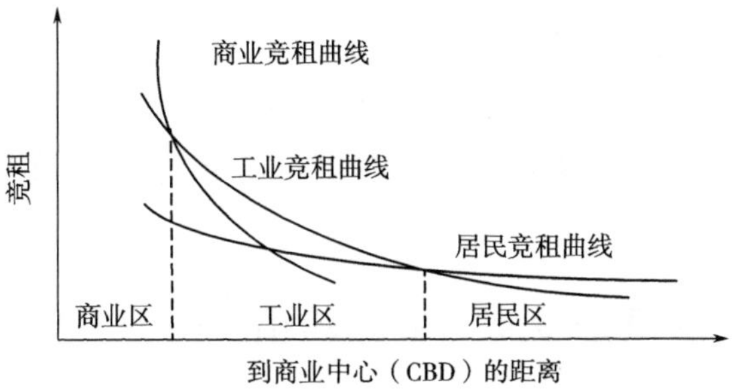

图 2-3 城市产业竞租曲线和空间分布

20 世纪 70 年代末 80 年代初，美国经济学家克鲁格曼从报酬递增的视角出发，对交通基础设施与经济活动空间的关系进行了深入研究和系统分析。他指出，在主流经济学模型中，国家通常是一个没有大小的点，在国家内部，包括劳动力资源在内的各种生产要素可以迅速地、零成本地从一种活动转移到另一种活动上；而事实上，任何生产要素的转移都是需要交通运输费用的，生产区位在空间上的聚集可以产生规模经济，带来收入递增（Krugman，1979）。在交通运输成本与经济活动空间方面，克鲁格曼认为，经济活动在地理上的集中依赖于收益递增、交通运输成本以及市场需求的相互作用，而收益递增、交通运输成本以及市场需求的相互作用则会导致地区之间差异的不断增加（Krugman，1991）。克鲁格曼进一步将交通

① 竞租（bid rent）是城市经济学中的一个基本概念，是一个“意愿支付租金”的虚拟概念，即某个土地使用者（居民或企业）为竞争得到某块城市土地（某个区位）所愿支付的最高租金。

运输成本引入国际贸易分析，假设运输成本与运输到另外一个国家的商品数量呈特定的比例关系，构建了国际贸易的冰山模型（Krugman，1980）；并以企业之间的相互作用为微观基础，多中心城市结构的空间自组织模型，以用来解释由“看不见的手”所形成的大规模的有规则的经济空间格局的内在机理（Krugman，1996）。克鲁格曼指出，交通运输成本自身具有规模经济的特征，交通基础设施的网络效应是工业地理集中的一个独立来源；同时，交通基础设施也是影响国际贸易和地区间交易的一个重要因素，当今世界贸易增长背后的重要力量是交通运输成本的减少。藤田昌久等人（藤田昌久、雅克；蒂斯，2004）则认为，交通运输成本和报酬递增之间的相互权衡是空间经济运行的基础。如果交通运输成本很高，扩散就是稳定的均衡；如果交通运输成本很低，集聚则是唯一的稳定均衡；而对于交通运输成本的中间值来说，存在扩散与集聚的多重均衡（布雷克曼等，2004）。

2.2.3 交通基础设施与就业的相关研究

国外学者有关交通基础设施与就业的研究相对较晚，早期的研究大多仅是理论层面的探讨。20 世纪 80 年代，阿绍尔基于阿罗和库尔茨所提出的公共投资与私人投资互补的增长理论模型，同时借鉴巴罗以政府支出为中心的内生经济增长模型，采用柯布—道格拉斯生产函数对美国 1970—1990 年 48 个州核心基础设施的就业效益进行了实证分析，开创了实证研究交通基础设施就业效应的先河[①]。根据阿绍尔的研究，短期基础设施投资对就业的边际影响为 0.077~0.087，而长期看基础设施投资对就业影响的累积效应较大（Aschauer，1989）。

在阿绍尔之后，不少学者对交通基础设施的就业效应进行了实证分析，其中有代表性的研究如表 2-1 所示。总体看，学术界有关交通基础设施的就业效应存在许多不同观点。例如，杜菲德诺和达伦伯格通过对劳动力、资本等需求结构方程的动态分析，发现在短期内基础设施每提高 1 个百分点，会导致劳动力需求和供给分别提高 0.06 和 1.29 个百分点（Duffy-

① 核心基础设施包括高速公路、公共交通、机场、给排水系统、电力设施等。

Deno and Dalenberg，1993）。迪朗东和特纳的研究也显示，1980—2000年美国高速公路每增加10个百分点，相应的就业会提高1.5个百分点（Duranton and Turner，2012）。然而，哈查维等人研究发现，加拿大37个产业中，有36个产业的基础设施投资的就业弹性小于零（Harchaoui et al，2003）；坎普斯通过建立向量自回归模型对22个经济合作与发展组织（OECD）成员的数据进行分析，其结果也显示基础设施投资的就业效应并不一定为正，而是正负各为一半（Kamps，2004）。吉瓦坦库帕森等（Jiwattanakulpaisarn et al，2010）通过构建动态面板模型，研究1984—1997年美国48个相邻州高速公路基础设施投资和劳动力就业的关系，研究发现，公路基础设施与就业之间存在内生性，即不仅基础设施建设会影响劳动力就业，就业也会反过来影响公路基础设施建设；而考虑内生性的模型得到的系数估计不显著，意味着高速公路基础设施对劳动力就业的影响不显著。

表2-1　交通基础设施与就业的相关研究

作者	年份	研究方法	样本数据	主要结论
Duffy-Deno and Dalenberg	1993	结构方程法	1970—1980年美国48个州	基础设施投资对劳动力供给和需求都有正面效应
Daveri and Maffezzoli	1999	动态跨期模型	欧洲大陆多个国家的数据	通过资本税方式筹集基础设施投资资金更利于就业
Demeriades and Mamuneas	2000	联立方程组估计法	1972—1991年12个OECD成员的数据	基础设施投资的就业效应为正，且短期效应大于长期效应
Harchaoui and Tarkhani	2003	成本函数法	1961—2000年加拿大37个产业	36个产业的基础设施投资与就业弹性为负
Kamps	2004	向量自回归模型（VAR）	22个OECD成员的统计数据	基础设施投资的就业效应正负各为一半
Jiwattanakulpaisarn，Noland，Graham and Polak	2010	动态面板数据的向量自回归（VAR）	1984—1997年美国48个相邻州	高速公路对就业的影响不显著，二者之间具有明显的内生性，即相互影响

续表

作者	年份	研究方法	样本数据	主要结论
Duranton and Turner	2012	结构方程法和工具变量回归法	1980—2000 年美国主要城市的统计数据	1980—2000 年，美国高速公路每增加 10%，就业会相应提高 1.5%
Miguel Padeiro	2013	Logistic 回归分析	1993—2008 年巴黎及周边地区统计数据	面积小的地方高速公路的就业效应大，面积大的地方机场的就业效应大

2.2.4 国内相关研究

相对而言，中国对交通运输与就业关系的研究起步较晚，大部分学者的研究都集中在交通运输对经济发展的作用方面，在研究方法上以定性的描述性分析为主，定量实证分析并建立起模型的相对较少，其原因一是在于数据的可获得性问题；二是由于经济学理论的发展相对于实践需求存在一定的迟滞。

总体看，国内有关交通运输与经济发展研究的代表性理论主要包括：荣朝和教授的运输化理论（2002）、韩彪的推拉理论（1994）、汪传旭的灰色系统模型（1999），以及熊永钧博士（1998）的运输成本阈值理论等。其中，荣朝和教授在其运输化理论中，将整个运输化过程分为三个阶段：前运输化、后运输化和运输化阶段。荣朝和通过对发达国家的比较分析，指出运输化不仅是工业化进程中的重要特征之一，同时也是伴随着工业化而发生的一种重要经济过程；在运输化阶段，交通运输业将随着工业化的发展不断发展，交通运输量也将不断增加；而在后运输化阶段，随着工业化的完成和知识经济的发展，运输化将逐渐被信息化取代，交通运输量也将逐渐减少。韩彪则在研究各国交通发展与经济发展历史关系的基础上，指出交通发展和经济发展存在着“交替推拉关系”：即在交通发展的技术创新期，“交通会推着经济走”；而在交通基本满足经济需要之后，“经济拉着交通走”。在研究方法上，汪传旭将灰色系统理论和模糊分析方法引入交通—经济学分析，运用模糊数学方法和灰色系统理论构建了一个经济—交通系统模型，并将该系统分为经济和交通子系统，利用中国1985—1995年的统计数据定量分析了交通运输与经济发展的协调关系，其结论是交通运输对中国经济的发展起到了正向的推动作用，而经济子系统则对交通运输子系统起阻碍作用。熊永钧博士在博士论文中提出了运输成本阈值理论，认为每一次交通运输技术创新都会导致交通运输成本降低，而交通运输成本的降低是经济发展的首要前提，对推动现代经济增长至关重要。按照其观点，经济增长以至现代市场经济制度的创立和完善都是通过交通运输成本的降低而实现的。

在研究交通运输与经济发展的同时，国内部分学者对交通运输和劳动力就业的关系也进行了探讨。例如，孙志超（2007）测算了新疆生产建设兵团公路交通对社会就业的贡献量，指出公路交通的发展对兵团地区劳动者报酬和社会就业的贡献分别为38.22亿元和30.19万人。张军强（1999）在对中国开洛（开封—洛阳）高速公路建设的区域经济影响评价时指出，开洛高速公路的投资建设可以直接提供的就业人数大约有52 800人，间接提供的就业人数大约有128 124人，对沿线人民的收入提高和财富创造能力的提升起到了积极的促进作用。高峰（2005）在研究交通基础设施投资与经济增长的关系中指出，交通基础设施投资每增加1亿元的产出，将增加大约9 083个就业机会，对整个社会就业的贡献十分突出。于忠江（2008）在其博士论文《公路建设对劳动生产率与人均收入的影响研究》中，系统研究了公路交通、人均收入与劳动生产率三个变量之间的逻辑联系与传导机制，并指出公路交通基础设施主要是通过“促使民用车辆受益”，而非通过“减少企业存货”的途径促进劳动生产率的提高，且公路等交通基础设施的作用较为有限，而传统生产要素作用较大。

与此同时，随着中国农村劳动力向城市工业部门的大规模转移和流动，部分学者开始关注交通运输成本对农村劳动力在不同部门之间流动和就业的影响。例如，卢亮（2006）的研究显示，交通运输成本的高低对于劳动力在农业部门、农村非农部门以及城市非正规部门的转移和流动具有重要影响，但对于城市正规部门劳动力转移和流动的影响并非十分显著。罗仁福、张林秀等（2013）则通过分析农村村级和农户层面微观调查的面板数据，指出农村高速公路通达性的提高对农村劳动力的非农就业具有积极的促进作用。此外，部分学者还注意到中国地区之间的较大差异，并分地区进行了讨论。例如，张光南等（2010）采用跨期利润函数和 SUR 方法，对中国 1998—2006 年的省级数据进行了动态实证研究，其研究结果显示，对于东部地区来说，基础设施的长期就业弹性和短期就业弹性非常接近；但对于西部地区来说，长期就业弹性却低于短期就业弹性，其原因在于交通基础设施的聚集效应，即便利的交通促进了西部地区的劳动力向工资水平更高的东部地区流动，从而导致西部地区的长期就业弹性有所降低。这些研究都有助于我们更好地认识交通运输对劳动力就业的影响，对本书的研究也具有很好的借鉴意义。

2.3 文献评述

本章主要从就业与失业问题以及交通基础设施与就业关系的思想演进两方面入手，对交通基础设施和就业的相关理论文献进行了系统回顾。

首先，在就业和失业问题方面，国内外理论和实证研究都比较丰富，其中有代表性的观点和政策主张包括：古典经济学和新古典经济学的充分就业论和自由市场政策，凯恩斯主义的需求管理理论和扩张性财政政策，新古典综合派的结构性失业理论和相机抉择政策，以及货币学派的自然失业率理论和自由经济政策。这些理论思想产生于不同的发展时期，对当时的社会就业和经济增长都起到了积极的促进作用。然而，正如马克思所言，相对过剩人口和失业是资本主义生产方式发展到一定阶段的必然产物；尽管各资本主义国家都采取了积极措施，但其失业问题并没有得到彻底解决。20 世纪 60 年代，以刘易斯（Lewis）为代表的发展经济学家把目光投入了发展中国家，认为发展中国家存在明显的二元经济特征，农业和工业部门的劳动生产率和经济发展水平存在较大差异，只有促进工业和农业两部门的均衡发展，才能有效解决其就业问题。发展经济学的二元经济理论对中国的就业和失业问题具有较强的借鉴意义。改革开放以来，中国国内学者在前人研究的基础上，采取不同的方法，对中国的就业和失业问题进行了积极探索，在劳动力资源配置、失业的原因及治理方式，以及人力资本投资等方面都取得了一定成果。但总体看，现有的研究大多建立在西方主流经济学的研究范式之下，在分析影响劳动力流动和就业的主要因素时，往往忽略劳动力市场的经济时空结构，对支撑劳动力市场经济时空结构的基本框架，即交通基础设施的就业效应缺乏系统深入的研究。

其次，在交通基础设施与就业关系的思想演进方面，国内外现有的研究相对比较分散。国外学者主要围绕斯密定理（劳动分工受市场范围限制，而市场范围又受交通运输条件的制约）展开，探讨交通基础设施与市场规模、经济活动空间的关系；而国内学者的研究大多集中在交通基础设施与经济发展的关系方面。通过文献回顾，我们了解到交通基础设施在经济发展过程中的作用是多方面的。作为一种重要的社会间接成本，交通基础设施不仅具有与市场规模扩大、劳动分工深化相关联的经济组织效应，同时也具有与产业集聚、城市化发展相关联的空间结构效应。而无论是经济组织效应还是空间结构效应，其微观基础都源于市场流动性障碍所导致的交通运输成本，因此，降低交通运输成本对于区域经济协调发展具有十分重要的意义。对于交通基础设施对劳动力就业的影响，国内外现有的研究较为有限，其研究结论也存在较大差异。在现实生活中，交通基础设施与劳动力就业的关系并非简单的线性关系，交通基础设施对于就业的影响受到多种因素的影响，在不同地区情况也不尽相同。本书将以此为切入点，系统分析交通基础设施在劳动力就业过程中的主要作用；并在此基础上，采用宏观统计数据和微观调研数据，深入探讨中国交通基础设施对劳动力就业的影响。

3

考虑经济时空结构的劳动力流动与社会就业

马克思在《资本论》中指出，时间和空间是一切生产和一切人类活动所必需的要素。同样的，在劳动力市场中，劳动力的流动和就业过程也离不开既定的时间和空间范畴。一方面，由于时间和空间限制，劳动者只能在其可达的时空范围内从事生产或服务性劳动；另一方面，即使是相同的劳动力，如果处于不同的地域空间和时间范畴，其所具备的价值也不尽相同。因此，任何忽略劳动力市场时空结构属性的研究必然会导致劳动经济理论应用的局限性。有鉴于此，本书将经济时空结构引入劳动经济学分析，重新审视劳动力的跨地区流动和社会就业行为。

3.1 劳动力市场的经济时空结构和有效距离

3.1.1 劳动力市场的经济时空结构

在现实世界中，劳动力市场首先是时间和空间上的市场，即劳动力市场具有时空属性，任何形式的专业化分工和就业生产活动都是在一定的时间和空间位置上发生的。由于劳动力的供给和需求不可能全部集中在同一个点上，即劳动力的供给和需求存在时空分离和时空异质性，劳动者必须通过移动一定的距离，才能够克服既有的时空障碍，顺利实现专业化分工和就业生产。这就意味着，劳动力市场的经济时空结构是受到限制的，对于既定的劳动者或者用人单位来说，其所面临的劳动力供给和需求选择都必须在其可达的时间和空间之内；而随着劳动力供给和需求之间的时空距离不断增加，影响劳动力就业的时间和空间阻力，以及劳动者为此所付出的时间和货币成本也会越来越大，从而会对劳动力的就业行为构成越来越大的约束力，最终使得劳动力市场限制在一个特定的时空范围内。

从整个经济社会发展的角度看，劳动力市场的发育程度和经济效率，在很大程度上取决于劳动者对其经济时空结构的利用程度。在小农经济时代，劳动者的农业生产经营活动受农作物生长发育规律，以及气候、土壤、环境等外部因素的制约，其劳动时间具有明显的季节性，劳动范围主要局限在农田所在地或本地市场。到了工业社会，大规模连续化的工业生产活动使得劳动者的工作时间不再受季节性约束，工业劳动者必须更加精确地安排自己的工作和闲暇时间以适应工业化大生产；同时，工业化生产的产品不仅满足于本地市场需求，劳动力分工与就业的经济活动空间也不再仅局限于本地市场。进入后工业化社会即信息化社会，劳动生产效率和企业管理水平得到进一步提高，经济节奏不断提升，区域经济乃至经济全球化的推进极大地扩展了劳动力市场的经济时空结构，劳动者的跨地区生产和经营活动得以大幅度提升。由此可见，经济时空结构是劳动力实现就业的重要因素，劳动力市场范围的扩大和就业水平的提高离不开经济时空结构的不断升级。

3.1.2 劳动力市场的有效距离

从经济发展的角度看，劳动力市场的经济时空结构不仅意味着物理上的时间和空间距离，同时也意味着一定的经济社会属性。正如经济地理学家艾瑞克·谢泼德（2000）所言，经济距离并不仅是简单的空间度量，而是整个社会过程的产物。在劳动力市场中，影响劳动力跨地区流动的时空障碍并不仅是指劳动力供求之间的物质距离（physical distance），而且是指劳动力供给和需求之间的有效距离（functional distance），即把劳动力及其相关信息从物理上的一点移动到另一点所需要付出的时间和货币成本以及其他方面的努力。美国经济学家布朗和霍顿指出，物质距离反映的只是任意两个节点（nodal）之间唯一并且对称的几何关系，而有效距离则是一种更为复杂的综合度量，这种度量能够反映出该节点的属性以及对节点之间相互作用趋势的影响（Brown and Horton，1970）。同样的，对于劳动力市场来说，劳动力供给和需求之间的有效距离不仅依赖于其节点属性（nodal properties），即劳动力供给和需求的基本属性（如劳动力个体的知识和技能水平差异，用人单位的所属行业和资源需求差异），而且依赖于将物质距离作为基本要素的联系属性（associational properties），即交通运输属性（如公共交通系统、铁路运输网、公路运输网等）。由于劳动力供求的异质性以及供求之间交通运输属性的差异性，劳动力供给和需求之间有效距离所代表的时空关系也具有不对称性和多层次性。这就意味着，在劳动力市场中，任何一个供求节点属性或联系属性的变化，都有可能导致供求之间有效距离的变化。而交通基础设施作为劳动者改变其时空区位的主要途径以及劳动力市场联系属性（associational properties）的主要内容，不仅是劳动力克服时空障碍的主要方式，同时也是劳动力供求之间有效距离的重要影响因素。交通基础设施的发展通常能给一些具有节点属性的场所或区位因子带来全新的、优势的联系属性。例如，在美国，发达的现代化交通系统极大地方便了美国各主要经济中心之间的相互联系，缩短了美国各大城市之间劳动力流动和迁移的有效距离，同时也扩大了劳动力市场既有的时空结构。

由此可见，在考虑经济时空结构的情况下，适用的劳动力供求分析框架应当建立在合理估计其有效距离的基础之上，因此要求所有影响劳动力供求之间有效距离的主要因素都能够被确认，并且其具体效应能够被量化。然而，与物质距离不同的是，劳动力供求之间的有效距离通常无法进行直接测量，而只能间接地估算。尽管布朗和霍顿认为，通过分析所观察到的空间相互作用模式，就能够对劳动力市场的有效距离进行严格估算（Brown and Horton，1970），然而，由于其估算方法过于复杂，在实际生活中的可操作性与实用性都有待进一步加强。

事实上，对于既定的劳动者和用人单位来说，不同的地理区位和物质距离是形成其时空关系的基本要素，而交通基础设施作为改变其时空关系和缩短其有效距离的主要推动力，在很大程度上决定了劳动力供求之间的经济空间距离。因此，如果将这些交通运输成本和通行时间根据不同的人群进行适当区分，那么它们就可作为劳动力市场有效距离的近似值；换言之，在考虑经济时空结构的分析框架中，交通运输成本可作为劳动力市场有效距离的简化表达。

3.2　考虑经济时空结构的劳动力就业行为分析

在特定的经济时空结构中，劳动力的就业行为包括劳动者与经济时空场所有关的知觉感应，做出判断和选择，并最终决定就业行为的一系列活动。国内外学者对劳动力就业的研究有很多，但总体而言，传统的劳动经济学理论以新古典均衡分析为基础，并没有考虑经济时空结构对劳动力就业选择的影响；而经济地理学虽然研究空间问题，但往往用生产区位论替代劳动者的就业选择，认为生产场所就是劳动力就业的集聚体。事实上，时间和空间作为一种特殊的生产资料，在劳动力的就业过程中发挥着非常重要的作用。将经济时空结构引入劳动力就业的分析框架，不仅有助于从微观的角度准确把握劳动力跨地区流动和迁移的内在动力，而且有助于从宏观的角度发现不同地区劳动力就业的主要问题及其原因，具有十分重要的理论和现实意义。

3.2.1 劳动力就业行为与就业意识

从微观的角度看，劳动者的就业行为主要包括就业认知、就业决策和就业体验三个过程。劳动者首先需要对其能够进入的劳动力市场进行主观感知，搜寻其可能存在的就业机会；其次，劳动者需要在此基础上综合考虑各种影响因素，进行就业决策；最后，劳动者还需要将其就业决策付诸实践，进行就业体验，而最终的就业体验又会加深劳动者对劳动力市场的感知，进而再次影响到他的就业决策与就业体验，如图 3-1 所示。

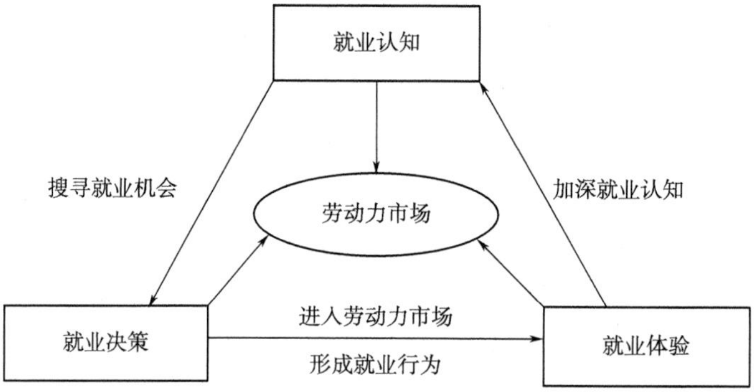

图 3-1　劳动力就业行为的构成

就业认知即劳动力在参与就业之前对劳动力就业市场环境的主观认识和意象，一般可以分为直接认知和间接认知两大类。其中，直接认知是指劳动者通过亲身经历、亲身体验而对劳动力就业市场的经济时空结构产生的认知。这种类型的认知行为往往较为客观真实，对劳动力就业行为的决策具有较强的指导意义；但其缺点是认知范围较为有限，只限于周边地区，从而能够指导的就业选择范围也相对狭窄。间接就业行为则是指劳动者通过媒体宣传、政府引导或者亲友介绍等间接方式所能够获得的对就业空间的认知。这种方式的认知范围较大，劳动者的就业选择范围相对较广，但其局限性是认知的明确性相对较差，需要劳动者再进一步综合分析，统筹判断。事实上，无论是直接认知还是间接认知，都可以让劳动者对外界的市场环境产生比较与知觉，进而在精神和心理层面对市场环境和不同的就业机会产生印象。由于每个人的理解和认知能力都存在差异，即使是面对相同的市场信息，不同的劳动者也会产生不同的意象；而通过这种意象来感受和认识周围或者远方的劳动力市场，即可形成劳动者的就业意识图（mental map）（见图 3-2）。劳动者在劳动力市场环境、居住地生活环境，以及个人偏好的共同作用下形成就业认知意象，进而做出就业决策，进行就业体验。行为地理学家古迪（Goody，1984）指出，劳动者对于就业环境的认知意象，可能正好反映了劳动力就业行为的结构模式与过程的关键，因为相当一部分劳动者的个人偏好、决策与行为均以此主观意象为依据，而不是以客观的现实世界为准。由此可知，劳动者就业的就业行为具有一定主观性，就业认知对于劳动者就业地点和就业方式的选择具有重要意义。

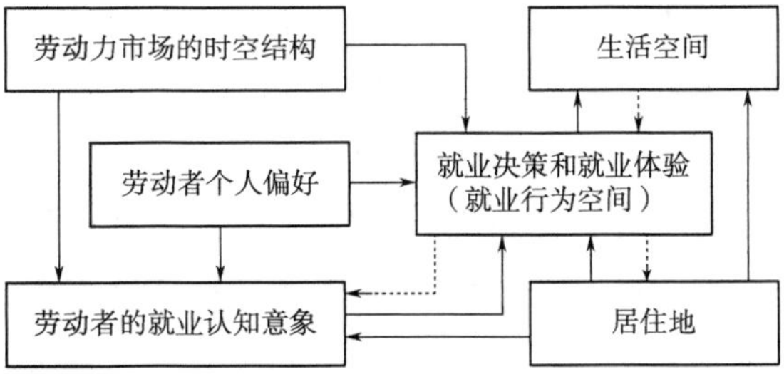

图 3-2　劳动者的就业意识图

3.2.2　劳动力的跨地区流动与就业决策

按照不同的经济时空范畴，劳动者的就业行为可分为两大类：本地就业和异地就业。首先，劳动者需要在已获得的直接和间接信息的基础上，对劳动力就业的净效用进行估计。按照劳动经济学的基本假设，劳动者个体提供劳动的效用主要受两种因素的影响：收入水平的高低和闲暇时间的多少。劳动供给跨期替代的一个主要影响机制是劳动和闲暇之间的替代（Todaro，1969）。在不考虑经济空间结构的情况下，假设一个劳动者提供劳动的效用函数为：

$$U_1 = U_1(W,\ H)$$

其中，W 为劳动收入水平，H 为闲暇时间，U_1为劳动者的总体效用水平。对于一般劳动者来说，其收入和闲暇都是正常商品，即收入和闲暇对劳动者的边际效用都大于零。作为理性经济人，劳动者追求个人效用最大化，其目标效用函数可以表示为：

$$\text{Max}\ U_1\ (W,\ H)$$

正常情况下，劳动者的收入减去其消费后应当不小于零，故其约束条件可表示为：

$$W-C_0 \geqslant 0$$

其中，C_0为劳动者购买商品和服务的总消费。

构建拉格朗日方程 $\Omega = U_1(W,\ H) - \lambda\ (W-C_0)$，并通过一阶求导得出其均衡条件：

$$U_{1W}/U_{1H} = -1/W$$

由此可见，劳动力个体的供给函数 S 是市场工资率 W 的增函数。假设其他条件不变，市场工资率 W_i是影响劳动力供给的关键因素，则劳动力的供给函数可以表示为：

$$S=S\ (W_i)$$

而对于劳动力需求方，企业和厂商的主要生产资料包括劳动力、资本和技术等。在不考虑经济时空结构的情况下，假设技术水平不变，企业和厂商的生产函数可表示为：

$$Q=Q\ (L,\ K)$$

其中，L 为劳动力，K 为资金。企业的利润函数可表示为：

$$\Omega\ (L,\ K) = P \cdot Q\ (L,\ K) - (W \cdot L + R \cdot K)$$

其中，P 为产品价格，W 为劳动力报酬，R 为资金收益率。根据微观经济学的基本假设，利润最大化是其企业进行生产经营活动的最终目的，即其目标效用函数为：

$$\text{Max}\ \Omega\ (L,\ K)$$

根据霍特林模型（Hotelling Model）构建方程，可求出企业的劳动力需求函数：

$$D=\partial\Omega(L,K)/\partial W$$

进一步的，由劳动者个人的供给函数可得出劳动力市场的供给函数，由厂商和企业的个体需求函数可得出整个市场的需求函数。假设其他条件不变，市场工资率 W 是影响劳动力供求的唯一因素，那么如图 3-3 所示，劳动力供给曲线 S 和劳动力需求曲线 D 相交于点 E；在这一点上，劳动力供给等于劳动力需求，市场供求达到了静态均衡。此时的工资率 W_e 为市场出清工资率，也称均衡工资率；而此时通过市场实现的就业数量 L_e 即为均衡就业量。

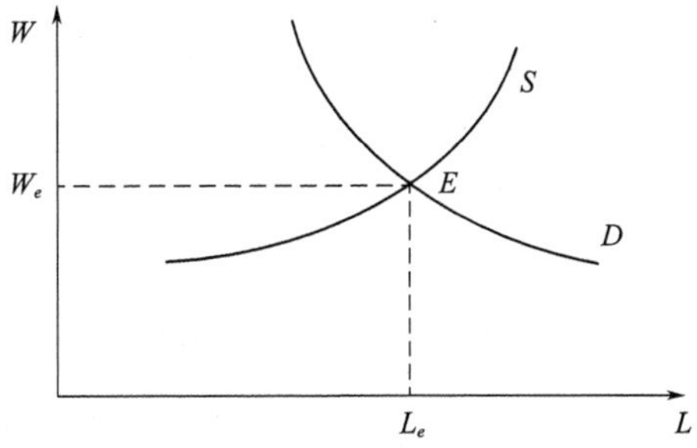

图 3-3　不考虑时空结构的劳动力供求曲线

在现实生活中，不同的经济空间结构中的市场工资率 W_i 并不一致。一般情况下，经济发展水平越高的地方，其市场工资率越高，劳动者的收入水平也越高；而在经济发展水平相对落后的地方，其市场工资率和劳动者的收入水平也相对较低。在地区间劳动收入不一致的情况下，劳动者为了追求更高水平的劳动报酬，可能会选择异地迁移就业，即进行劳动力流动。所谓劳动力流动是指劳动力为了获得更高的劳动报酬而在地区间、产业间、部门间、就业状态间、企业间，乃至工作间转移，是劳动力追求价值最大化的直接表现。本书的劳动力流动特指劳动力在地区间的流动。在特定的经济时空结构中，劳动力的跨地区流动可以理解为一种调节自然资源与能够进行扩大再生产的人力资本和物质资本之间，空间区位配置关系的有效手段。其中，工作调整是劳动力流动的重要内容和主要目的。

3.3 考虑经济时空结构的劳动力流动决策

从宏观经济发展的角度看，劳动力在区域间的流动和迁移是劳动力资源实现优化配置和劳动力市场在时空维度上，从不均衡向均衡转变的关键过程，同时也是整个经济社会保持活力的重要源泉。美国著名经济学家舒尔茨（1962）指出，作为人力资本投资的重要类型和方式，劳动力的跨地区流动是市场运行机制中不可或缺的有机组成部分。

3.3.1 劳动力跨地区流动的影响因素

影响劳动力跨地区流动的因素有许多，除地区间就业机会的不同和收入水平的差异外，迁出地和迁入地之间的有效距离作为劳动力市场经济时空结构的主要体现，对劳动力的跨地区流动也具有重要影响。从个人决策的角度看，劳动力在区域间的流动作为劳动者实现其技能价值和提高其人力资本水平的生产力投资，主要实现途径是通过寻找一份新的工作替代原有的工作，从而使劳动者获得更高水平的收益。与所有的人力资本投资一样，劳动者希望在当期的成本投入能够在将来获得相应的回报。因此，劳动者的跨地区流动决策不仅需要考虑当期收入与预期收入的比较，同时也需要考虑流动成本的高低与可能发生的变动。换言之，对预期收入和流动成本的考虑是劳动者决定是否跨地区流动的基本动因，同时也是劳动力个体追求经济利益最大化和成本最小化的合理决策的过程。作为理性经济人，只有当劳动力流动所带来的预期净收益大于流动总成本时，劳动者才会选择跨地区流动和转移。

假设劳动者选择跨地区流动，其在新工作岗位上第 t 年所能获得的预期总收益为 E_{Nt}（包括跨地区流动后新工作所带来的薪酬、福利、工作环境的改善，以及自我价值实现的心理满足感）；而劳动者如果选择不进行流动，即坚持在原来的岗位上工作，其在第 t 年所能获得的预期总收益为 E_{Ot}；T 为劳动者在新的工作岗位能够工作的总年限（T 越大，劳动者所获得的总收益 A 变化越大），r 为贴现率，则劳动力流动的预期净收益现值为：

$$\sum^{T}(E_{Nt}-E_{Ot})/(1+r)^{t}$$

设 C 为劳动力的流动成本（包括劳动力流动所带来的货币成本、时间成本和心理成本），U 为劳动力流动的净效用，则有：

$$U=\sum_{t=1}^{T}(E_{Nt}-E_{Ot})/(1+r)^{t}-C$$

由劳动力流动理论可知，只有在劳动力流动的净效用 $U\geqslant0$ 的情况下，即预期净收益 $\sum^{T}(E_{Nt}-E_{Ot})/(1+r)^{t}$ 大于或等于劳动力流动所带来的总成本 C 时，劳动者才会选择跨地区流动和就业；且 U 越大，劳动力流动的可能性越大。反之，如果 $U<0$，即劳动力流动的净效用小于零，则劳动者不会选择跨地区流动。由预期净效用 U 的构成可知，影响劳动力流动就业决策的因素既有劳动者个人预期、偏好和心理知觉等主观因素，也有地区间有效距离、就业机会和收入差距等客观因素。

3.3.2 劳动力跨地区流动的成本分析

在既定的经济时空结构中，劳动力的跨地区流动需要付出相应的流动成本。从人力资本投资的角度看，劳动力流动过程中的总成本可分为货币成本和非货币成本，其中，货币成本即劳动力流动过程中的直接花费，主要包括交通运输费用和搜寻工作所导致的其他货币支出两部分；而非货币成本则是指劳动力离开熟悉的环境和亲友所带来的心理成本，以及劳动者放弃原有社会关系所导致的社会关系成本（见图 3-4）。在劳动力市场中，理性的劳动力流动决策通常需要综合考虑流入地和原住地的地理区位条件和就业机会，一方面，劳动者需要利用其所获得的信息对不同的迁移地点进行排序；另一方面，劳动者对于不同迁移地点的排序具有传递性，即如果 A 地的条件优于 B 地，且 B 地的条件优于 C 地，那么 A 地的条件就优于 C 地（Graves and Clawson，1981）。

假定劳动力流动的总成本为 C，其中，交通运输成本为 C_T，其他货币成本、心理成本以及社会关系成本分别为 C_1，C_2，C_3，劳动力跨地区流动的数量为 m。在发展中国家，由于区域发展不均衡，劳动力原住地和迁入地在工资收入水平、生活成本等方面都存在较大差别；因此，劳动力流动

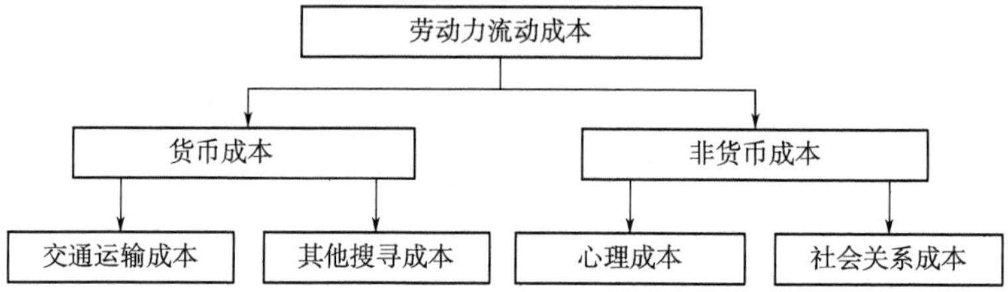

图 3-4　劳动力跨地区流动的成本

的其他货币成本 C_1 主要包括迁入地和原住地的生活成本差异。由拥塞效应（crowding effect）可知，大量的劳动力迁入往往会导致迁入地房价和物价上升，从而提高迁入地的生活成本以及劳动力流动的其他货币成本。参考理查德·鲍德温（Baldwin，2001）的研究，其他货币成本 C_1 与流动人口 m 的平方成正比，即其他货币成本 C_1 可以表示为 μm^2。此外，由于存在传统效应（old folks effect），即对于同一地区同一家庭的劳动者来说，先进行跨地区流动的劳动者比后进行流动的劳动者更愿意改变现状留在异地，而留守到最后的劳动者进行跨地区流动的非货币成本较高，意味着对于原住地来说，劳动力跨地区流动的心理成本 C_2 与劳动力流动数量 m 正向相关，即可以表示为 $C_2=1/(L-m)$，其中，L 为原住地原有的劳动人口总数；而对于迁入地来说，由于存在集体欢迎效应（welcome committee effect），即如果已经有朋友或亲属流入目的地，那么剩下的人更倾向于跟随而去，就好像目的地有人集体欢迎一样，意味着对于迁入地来说，劳动力流动的社会关系成本 C_3 与流动数量 m 成反比例关系，用公式表示为 $C_3=1/m$。综上可知，劳动力跨地区流动的总成本可以表示为：

$$C=C_T+\mu m^2+1/(L-m)+1/m$$

由此可见，交通运输作为劳动力流动成本的主要影响因素，对劳动力跨地区流动具有非常重要的意义。

4

交通基础设施对劳动力就业的影响

4.1 劳动力就业过程中的交通成本分析

交通运输活动作为劳动者“衣食住行”中“行”的重要手段和工具，是劳动力实现地区间流动和就业生产的必要经济活动，也是实现劳动力资源优化配置的重要手段。如前所述，交通运输成本是劳动力流动成本的重要组成部分。如果缺乏必要的交通基础设施，或者劳动力流动和转移的交通成本过高，劳动者就无法进行区域间流动，劳动力的就业范围也会受到很大限制。因此，有必要对劳动力跨地区流动和就业过程中的交通运输成本进行系统分析，从而更好地理解劳动力的就业选择。

4.1.1 劳动力就业过程中交通运输成本的主要影响因素

在现代社会，交通运输的发展水平与状况直接决定着劳动力就业的空间范围与时效、劳动分工的深度与效率，以及劳动力市场机制的资源配置能力，对劳动力的跨地区流动和就业具有重要影响。一般情况下，交通运输发展水平越落后的地区，影响劳动力流动的时空阻力越大，劳动力市场的时空范围也越小；反之，交通运输条件的改善则能够减少区域之间的时空阻力，促进劳动力市场既有时空范围的扩大，对劳动力的跨地区流动和就业空间决策都具有积极的推动作用。例如，在交通运输发展水平较低的农村地区，劳动力的资源配置基本上是基于极小区域的自给自足体系，与外界的交流量极小，这种资源配置模式不仅带有很强的原生性，其配置效率也受到很多方面的限制；反之，在交通基础设施水平较发达的城镇地区，劳动力的区域间流动和跨地区就业的成本较低，劳动力资源的配置效率也相对较高。应当注意的是，由于时间和空间的不可消除性，劳动力市场的时空阻力是始终存在的，即交通运输的发展只能够逐渐降低这种时空约束力的影响，但并不能够使其完全消除。这就要求我们在经济发展的同时不断改善交通运输条件，扩大交通运输的可达范围，从而最大限度地克服劳动力市场的时空约束力，扩大劳动力市场既有的时空范围。

假设劳动力就业过程中所承担的交通成本为 C，由交通经济学原理可知，影响交通成本的主要因素包括：劳动力移动的有效距离、交通基础设施水平以及交通运输工具，用公式表示为：

$$C=C\ (P,\ F,\ V)$$

其中，P 表示劳动力流动的有效距离，F 表示交通基础设施水平，V 表示交通运输工具。一般情况下，劳动力的流动距离与交通成本正向相关，即随着流动距离 P 的不断增加，相应的交通成本 C 也将不断提高；而交通基础设施 F 和交通运输工具 V 则与交通成本 C 反向相关，交通基础设施水平的提高和交通运输工具的改进可以在很大程度上降低交通成本，促进劳动力的跨地区流动。在所有的影响因素中，交通基础设施 F 作为一项重要的社会间接资本，对劳动力就业的交通成本具有决定性作用（赵坚，2007）。在交通基础设施落后的地方，劳动力通勤和跨地区流动的交通成本极高，劳动者的就业范围也受到了极大限制。例如，马歇尔指出，在 20 世纪初，铁路的不足导致交通成本过高，劳动者和雇主之间的相互匹配十分困难（Marshall，1920）。

4.1.2　劳动力就业的短期交通成本分析

由于交通基础设施的投资建设和交通运输工具的技术进步都需要较长的时间周期，因此在短期内，交通基础设施和交通运输工具可视为固定值，劳动力就业过程中的交通成本主要受其移动距离和现有交通基础设施可达范围的影响。假设交通基础设施的最大可达范围为 P_M，那么劳动力在既定经济时空结构中的交通成本 $C_s(P)$ 可以表示为：

$$C_s(P) = \begin{cases} k \cdot P & (P \leqslant P_M,\ k > 0) \\ +\infty & (P > P_M) \end{cases}$$

其中，P 为劳动力在就业过程中所移动的空间距离，k 为单位距离的交通成本。在图 4-1 中，交通基础设施的可达范围 P_M 之内，劳动力克服时空约束的交通成本 $C_s(P)$ 随着其转移距离 P 的增加而增加；一旦超过了交通基础设施的最大可达范围 P_M，劳动力流动的交通成本 $C_s(P)$ 将变得无限大。此时，由于缺乏必要的交通基础设施，区域间的劳动力流动会受到极大限制，甚至根本就不可能实现。

与其他经济活动相比，交通运输作为一种能够改变劳动者时间和空间属性的特殊服务，不仅能够扩大劳动力可达的时空范围，为劳动者提供更

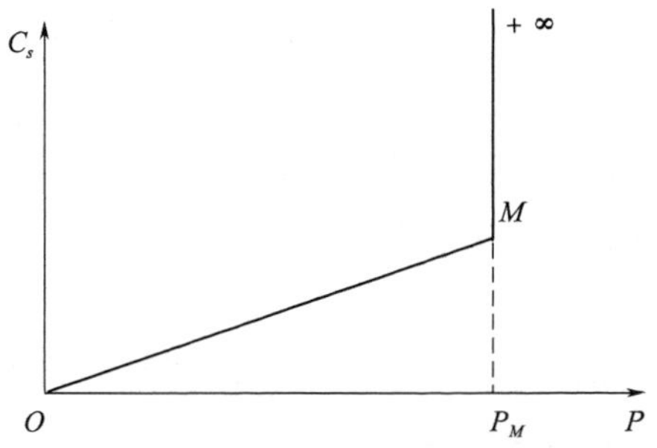

图 4-1 劳动力流动的短期交通成本

多的就业选择，而且能够通过劳动者时空位置的改变，为劳动者提供更多的时间效用（time utility）和场所效用（space utility）。类比常见的货物贸易，劳动者的交通运输活动可理解为一种“时空”贸易活动，交通运输活动的效用 Ut 来自劳动者对时间和空间的交换利益。马克思指出，人们进行交通运输活动的本质是用时间换取空间。换言之，交通运输活动实际上是一种特殊的交换活动，即内生于劳动力就业过程中的时间和空间交换。相应的，劳动力就业过程中的短期交通成本也可分为时间成本和货币成本，其中，时间成本为劳动者提供时间效用，而货币成本则增加了劳动者的空间和场所效用。

在现实生活中，时间成本和货币成本都是劳动力实现交通运输目的所需付出的代价。假设存在多种交通运输服务，其中速度较快的费用较高，速度较慢的费用较低。在这种情况下，劳动者既可以选择具有较长交通时间和较低货币成本的交通运输服务，也可以选择具有较短交通时间和较高货币成本的交通运输活动，即交通运输的时间成本与货币成本具有边际替代效应。

假设劳动力流动的交通运输总成本为 C_s，其中时间成本为 C_t，货币成本为 C_m，则有 $C_s=C_t+C_m$，二者的边际替代效应如图 4-2 所示。其中，斜线 C_TC_M为交通运输成本 C_s的预算约束线，曲线 U 为劳动者的效用最大化曲线，两者的交点 P 所对应的即为劳动者的最优交通成本选择。而与效用最大化曲线 U 相切的预算约束线 C_TC_M的斜率，就是劳动者在相应交通运输选择上的时间成本 C_t与货币成本 C_m的边际替代率，用公式表示为：

$$MRS_{C_t-C_m}=-\Delta C_M/\Delta C_t$$

式中，$MRS_{C_t-C_m}$为交通运输活动的边际时间—货币替代率，ΔC_m 为边际货币成本，ΔC_t 为边际时间成本。作为追求效用最大化的理性经济人，劳动者进行交通运输活动的边际时间成本—货币成本替代率 $MRS_{C_t-C_m}$反映了劳动者在既定时间预算和货币预算的约束条件下，对于其出行时间和出行费用的取舍和相互替代关系。一般情况下，劳动者对交通运输活动的边际时间—货币替代率 MRS_{Ct-Cm}越大，意味着劳动者出行的时间价值越高，即劳动力愿意付出更多的货币成本换取时间价值。

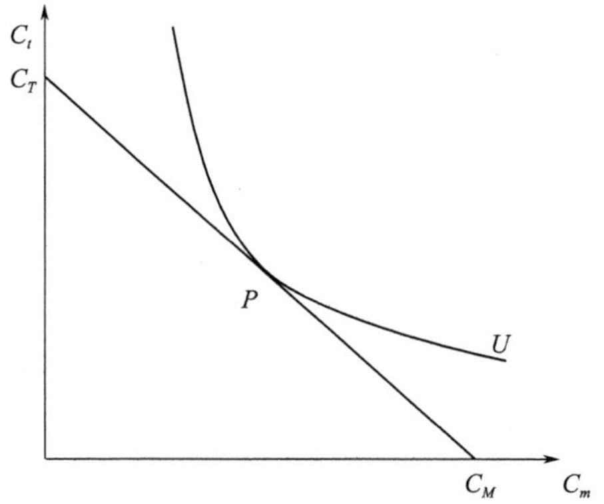

图 4-2　交通运输时间成本与货币成本的边际替代

在现实生活中，劳动者对交通运输方式的选择是综合考虑时间成本 C_t 和货币成本 C_m的结果，其选择结果体现了交通时间成本 C_t和货币成本 C_m 对劳动者的边际效用价值。英国著名经济学家罗宾逊说过，从经济的逻辑来讲，效用并不是一种具体的数字测度，而是一种比较关系，一种偏好次序的反映（Robinson，1964）。同样的，对于进行区域间流动和迁移的劳动者来说，交通运输时间成本 C_t和货币成本 C_m 的最佳组合体现了对交通运输方式的选择和偏好关系。

4.1.3　劳动力就业的长期交通成本分析

从长期看，交通基础设施水平和交通运输工具并非一成不变，交通基础设施的建设和交通运输工具的改进，是经济社会发展的重要组成部分。一方面，交通基础设施水平的提高扩大了劳动力区域间流动和转移就业的经济时空范围，增强了劳动力市场的可达性；另一方面，交通运输工具的改进提高了交通运输效率，降低了单位距离交通运输的时间成本，从而对劳动者进行交通运输活动的边际时间成本—货币成本替代率，以及交通出行方式的选择产生影响。

假设劳动力就业的长期交通成本为 $C_l=C_l\ (P,\ F,\ V)$，其中，P，F，V 分别表示劳动力的移动距离，交通基础设施水平和交通运输工具（见图 4-3），劳动力的移动距离 P 与交通成本 C_l 正向相关，即交通成本曲线 M 的斜率为正；交通基础设施水平 F 的提高扩大了劳动力流动和转移就业的时空范围，表现在图 4-3 上，即图中箭头 1，随着交通基础设施水平 F 的提高，劳动力最大转移距离由 P_1 扩大到 P_2；交通运输工具 V 的改进降低了劳动力单位距离的流动成本，即图 4-3 中箭头 2，随着交通运输工具 V 的改进，交通成本曲线的斜率 k 由 M_1OP_1 下降为 M_2OP_2。由于交通基础设施的发展和交通运输工具的改进是不断演化的过程，因此从长期看，随着交通运输系统的发展，劳动力流动和就业的时空范畴将不断扩大，单位距离劳动力的转移成本将不断降低，不仅意味着既定区域内劳动力流动性的不断增强，同时也意味着劳动力活动空间和劳动力市场范围的不断扩大。此外，时间和空间的自然属性决定了劳动力市场的时空阻力不可能完全消失，即交通运输不可能完全克服时空限制，因此劳动力就业的交通运输成本 C 始终大于零，即交通成本曲线的斜率 k 始终为正。

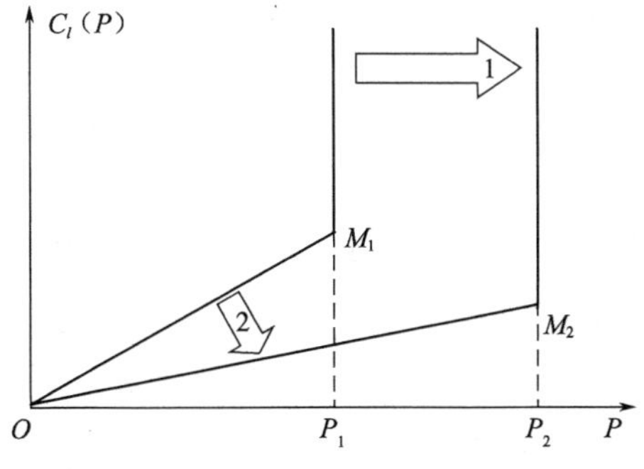

图 4-3　劳动力流动的长期交通成本

从经济发展效率的角度看，长期范围内交通运输成本的降低与交通可达范围的扩大，意味着经济发展效率的不断提高。在长期范围内，交通运输发展是一个动态过程，交通运输成本的降低和交通运输范围的扩大，不仅能够促进劳动力的跨地区流动和就业，同时也有利于整个经济系统要素流动性的增强和资源效率的提高。

4.2 固定交通基础设施水平下的劳动力供求均衡

在劳动力市场上，劳动者个体是劳动力的供给方，企业和厂商是劳动力的需求方。作为生产要素市场的重要组成部分，劳动力市场的核心功能在于实现劳动力资源的有效配置（袁伦渠，2007）。如前所述，由于交通成本是劳动力克服时空障碍的主要流动成本，按照理性经济人的最大化假定，劳动力市场的供给和需求不能不考虑交通成本的影响。因此，有必要将交通成本纳入劳动力供给和需求函数，重新审视劳动力市场的供给和需求变化。

假定在短期内，既定经济时空结构中的交通基础设施水平不变，劳动力就业的市场范围和交通运输成本为固定值。如前所述，交通运输成本 C 对劳动力的供给和需求具有直接影响，交通基础设施的可达范围在很大程度上决定了劳动力活动的经济时空范畴。假设交通运输成本由劳动者和企业双方共同承担，其中劳动者承担的比例为 $a(0 \leqslant a \leqslant 1)$，企业承担的比例为 $1-a$，则劳动力供给和需求函数可以分别表示为：

$$S^{*} = S^{*}[S,\ aC] \tag{1}$$

$$D^{*} = D^{*}[D,\ (1-a)C] \tag{2}$$

其中，S，D 分别表示不考虑经济时空结构和交通成本的劳动力供给和需求。由于既定时空结构下交通运输成本的影响，实际的劳动力供给和需求数量将在原来的基础上有所减少。图 4-4 为考虑时空约束的劳动力供求曲线。一方面，在交通基础设施的可达范围 P_M 之内，劳动力供给曲线 S^* 和劳动力需求曲线 D^* 分别向上和向下移动并相交于点 M^*，在 M^* 点上，供给与需求相等，劳动力市场达到均衡状态，此时的劳动就业量和市场工资率，即为实际的均衡就业量 L_e^* 和均衡市场工资率 W_e^*。从图 4-4 中可以看出，在交通可达范围内，劳动力市场的均衡就业量由原来的 L_e 减少至 L_e^*；均衡市场工资率的变化则取决于供求曲线的弹性以及交通成本在劳动者和企业之间的分配。另一方面，在交通基础设施的可达范围 P_M 之外，由于交通成本急剧增加，劳动力供给和需求大幅度减少，表现在图 4-4上，劳动力供给曲线 S^{**} 和劳动力需求曲线 D^{**} 分别向上和向下移动且根本不存在交点。在这种情况下，由于缺乏必要的交通运输条件，劳动力的跨地区转移和就业根本不可能实现，只有通过交通运输系统的改善不断降低劳动力转移的交通成本，才能够扩大劳动力转移的时空范围，促进劳动力市场的发展。

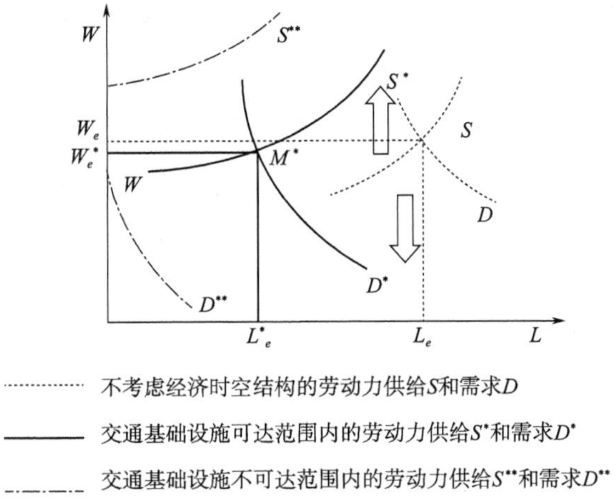

图 4-4 既定交通基础设施水平下的劳动力供求均衡

4.3 交通基础设施发展过程中的劳动力供求均衡

从长期发展的角度看，既定经济时空结构中的交通基础设施水平并非一成不变，而是随着经济的增长和技术的进步而不断提高。在劳动力市场中，随着交通基础设施水平的提高和交通运输工具的改进，劳动力跨地区转移的交通成本不断降低，劳动力就业的经济空间范围也在不断扩大。对于发展中国家来说，由于地区间的经济发展不平衡，不同劳动力市场的就业水平和均衡工资率也不相同。随着交通基础设施水平的提高和劳动力经济活动空间的扩大，劳动力的跨地区流动和就业将变得更加容易。由于劳动力跨地区流动的主要目的在于改善就业类型和提高就业收入，因此，当交通基础设施使得劳动力在经济时空中的流动和异地就业变得更为便利时，部分劳动力就会从收入水平低的地方转移到收入水平高的地方，从而对不同地区劳动力市场的就业水平和均衡工资率产生深远影响。

图 4-5 为不同地区劳动力供给和需求的长期均衡机制。图 4-5（1）代表经济发展水平和市场工资率较高的 A 地区，其初始的劳动力供给和需求曲线分别为 S_1和 D_1，劳动力市场的均衡就业量为 L_1，均衡工资率为 W_1；图 4-5（2）代表经济相对落后，市场工资率相对较低的 B 地区，其初始劳动力供给和需求曲线分别为 S_2和 D_2，市场的均衡就业量为 L_2，均衡工资水平为 W_2。如前所述，由于 A 地区的市场均衡工资率高于 B 地区，即 $W_1 > W_2$，因此，当交通基础设施水平提高使得劳动者的经济活动空间扩大时，一些劳动力就会从均衡工资率较低的 B 地区转移到均衡工资率较高的 A 地区，表现在图 4-5 上，即 A 地区的劳动力供给增加，劳动供给曲线 S_1向右移动至 S_1^*；而 B 地区的劳动力供给则有所减少，劳动供给曲线由 S_2向左移动至 S_2^*。

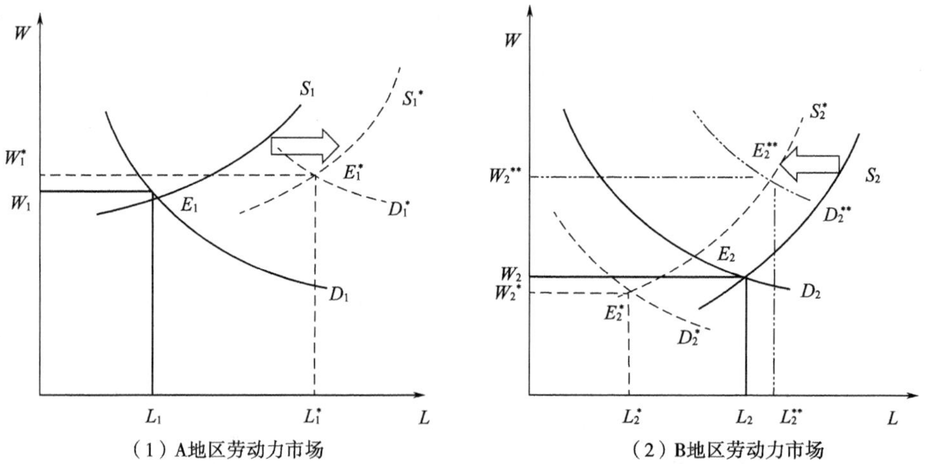

图 4-5　劳动力的长期供求均衡

对经济发展水平较高的 A 地区来说，交通基础设施水平的提高使得各种生产要素、资源、信息等的流入更为便利，因此将吸引更多的企业进行投资生产，对劳动力资源的需求也将进一步扩大。如图 4-5（1）所示，随着交通基础设施水平的提高，A 地区的劳动力需求曲线由 D_1 向右移动至 D_1^*，与劳动力供给曲线 S_1^* 相交于点 E_1^*，此时所对应的劳动力就业量 L_1^* 和市场工资率 W_1^* 即为新的均衡就业量和均衡市场工资率。从图 4-5 中可以看出，新的均衡就业量和均衡工资均高于原来的水平，即 $L_1^* > L_1$，$W_1^* > W_1$；由此可见，随着交通基础设施水平的提高和劳动力市场范围的扩大，A 地区的均衡就业量和均衡工资率也将不断提高。

而对于经济发展水平相对落后的 B 地区来说，交通基础设施水平的提高对其劳动力就业的影响具有不确定性。一方面，随着交通基础设施水平的提高和经济时空结构的升级，地区间的人才、资金、信息等要素，将有可能依托交通基础设施的通道优势呈现出由经济发展落后地区，向经济发展中心单向、快速转移的趋势，从而对经济发展相对落后的地区产生“虹吸效应”。在图 4-5（2），交通基础设施发展有可能导致 B 地区的资源、信息外流，企业用人需求减少，从而使得劳动力需求曲线由 D_2 向左移至 D_2^*，与劳动力供给曲线 S_2^* 相交于点 E_2^*，进而形成新的均衡就业量 L_2^* 和均衡工资率 W_2^*。此时，在“虹吸效应”的影响下，B 地区的新均衡就业量 L_2^* 和均衡工资率 W_2^* 将低于原来的水平，即 $L_2^* < L_2$，$W_2^* < W_2$。这也就意味着，交通基础设施发展有可能对经济发展落后地区的劳动力就业和收入水平产生负面收缩效应。

另一方面，对于经济发展相对落后的地区来说，交通基础设施水平的提高也具有“涓流效应”（也称扩散效应），即所有位于经济扩张中心的欠发达地区，都可能随着扩张中心地区的经济发展，从中心地区获得大量的资源和要素，从而促进其本地区的经济发展并逐步赶上中心地区。如图 4-5（2）所示，在“涓流效应”的影响下，B 地区的劳动力需求曲线 D_2 有可能向右移动至 D_2^{**} 或者更高的水平，进而形成新的就业均衡 E_2^{**}。在这种情况下，由于工资刚性的存在，新的均衡工资水平 W_2^{**} 将高于原有的均衡水平 W_2，新的均衡就业量 L_2^{**} 也有可能高于原有的均衡就业量 L_2。

由此可见，交通基础设施的发展对不同地区的劳动力供给和需求具有不同影响。对于经济发展水平较高的地区，交通基础设施水平的提高往往会带来就业的增长和收入的增加；而对于经济发展水平相对落后的地区，交通基础设施水平的提高则有可能是一把双刃剑，即交通基础设施发展既可能通过“虹吸效应”导致本地人才和资本外流，从而降低现有的劳动力就业和收入水平；也可能通过“涓流效应”吸引外部资源和生产要素，促进当地劳动力市场的就业增长与收入增加。因此要求我们在经济发展过程中，充分考虑交通基础设施的“虹吸效应”与“涓流效应”，从整个经济社会发展的角度出发，统筹规划交通基础设施沿线地区的功能定位，形成错位竞争，培育组团竞争优势，从而尽量避免“虹吸效应”对经济发展相对落后地区的负面影响，促进区域经济的协调发展和劳动力市场的健康发育。

5

中国交通基础设施的宏观就业效应——以高速铁路为例

目前，中国还是一个发展中国家，与发达国家相比，中国的交通基础设施仍然处于相对不足的阶段。近年来，中国积极的财政政策推动了交通基础设施的快速发展，其就业效应究竟如何？学术界尚未达成统一意见。本章利用宏观统计数据描述中国交通基础设施的基本情况，并在此基础上，以高速铁路为例，从宏观层面分析中国交通基础设施的就业效应。

5.1 中国交通基础设施的基本概况

改革开放以来，中国的交通基础设施得到了突飞猛进的发展。一方面，铁路营业总里程从 1981 年的 5.39 万千米增加到了 2016 年底的 12.4 万千米，居世界第二；其中，高速铁路从 2004 年开始规划，2016 年底已达 2.5 万千米，在世界高铁总里程中的比重超过了 60%，居世界第一；铁路快速客运网也基本涵盖了中国 50 万以上人口的都市。另一方面，中国公路里程从 1981 年的 89.75 万千米增加到 2016 年底的 469.63 万千米，增长了 4 倍多；其中，高速公路里程增加到了 12.35 万千米。此外，中国民航的发展速度也十分迅速，民航里程从 1981 年的 21.83 万千米增至 2016 年底的 634.81 万千米，35 年间增长了 28 倍多。从一定程度上讲，在投资驱动型的中国经济增长模式中，发展迅猛的交通基础设施已经成为中国经济发展过程中的一个突出特点，同时也被认为是解释“中国速度”的重要因素。

在跨越式增长的同时，中国地区间的交通基础设施发展并不均衡，不同地区之间的交通基础设施存量存在较大差距。为了便于比较，本书借鉴德米尔热（Demurger，2011）的方法，将中国各地区铁路、公路、民航主要交通基础设施的运营里程加总后再除以各地区的国土面积，计算得到各地区的交通基础设施密度。从计算结果看，截至 2017 年，中国交通基础设施密度东南高、西北低，与中国就业人口的区域分布基本一致。总体而言，中国东部地区劳动力资源丰富，交通基础设施发达，经济增长速度快；而西部地区地广人稀，交通基础设施薄弱，经济发展也相对落后。例如，中国新疆地区的交通基础设施密度为 0.1，而同一时期上海市的交通基础设施密度为 3.08，后者是前者的 30 多倍。

5.2 中国高速铁路基础设施的宏观就业效应分析

国内外大量研究显示，交通基础设施在经济增长中具有重要作用。例如，发展经济学先驱人物保罗·罗森斯坦-罗丹在其“大推动”理论中指出，交通等基础设施是社会发展的先行资本，只有加强基础设施投资，才能推动整个国民经济的全面发展（Rosenstein-Rodan，1943）。但是，对于一个发展中国家来说，中国交通基础设施所被赋予的使命不应仅表现在经济增长方面，同时应当在促进社会就业这一最重要的民生领域发挥作用。因此，本章从宏观的角度出发，以高速铁路为例探讨中国交通基础设施对劳动力就业的影响。

选择高速铁路作为案例的原因主要是：首先，大部分交通基础设施都可以同时提供客运和货运服务，如公路、传统铁路等；而高速铁路只提供客运服务，不同时提供货运服务。这可以让我们较好地将劳动力出行的交通成本和货物运输的交通成本区分开来，从而使得所估计的就业效应更为精确。其次，中国高速铁路的线路与原有的铁路线路基本一致，主要停靠站点也都在原有的铁路线路上。这在一定程度上避免了选择线路和站点的主观性，因此可以将高速铁路的修建看作是一项外生政策冲击的准自然实验，使用倾向得分匹配法（PSM）和倍差法（DID）对政策的效果加以评估，从而较好地克服交通基础设施和就业之间的内生性问题。

5.2.1 中国高速铁路的发展背景

高速铁路是20世纪60年代以来人类在客运集成创新方面取得的重要成就，在世界运输史上具有重要地位和影响。从发达国家高速铁路发展的经验看，高速铁路会对沿线区域的经济社会发展产生持久而深远的影响（Givoni，2006）。中国高速铁路的发展始于2004年国务院在《中长期铁路网规划》中提出的“四纵四横”高铁网络[①]；此后，随着2008年高铁建设

① “四纵”指京沪客运专线、京深客运专线、京哈客运专线和沪深客运专线，“四横”指徐兰客运专线、杭昆客运专线、青太客运专线和宁蓉客运专线。

被列入政府大规模经济刺激计划，原《中长期铁路网规划》中提出的2020年拟建客运专线由1.2万千米调整到1.6万千米，高铁项目得到了快速发展。2015年，中国在“十三五”规划中将2020年高速铁路的运营里程延长到3万千米，预计覆盖中国80%以上的城市。2016年7月，国家发改委、交通部和中国铁路总公司联合发布了新的《中长期铁路网规划》（2016—2030），提出了建设“八纵八横”高速铁路网的宏大蓝图①。按照最新发布的《中长期铁路网规划》，到2025年，中国铁路网规模将达17.5万千米左右，其中高铁3.8万千米左右，比2015年底翻一番。

表5-1为2008—2016年中国高速铁路的发展概况，从表5-1可以看出，中国高速铁路的营运里程由2008年的672千米提高到2016年的22 980千米，增长了30多倍，“四纵四横”高铁网络已基本形成；客运量由2008年的734万人次增加到2016年的122 128万人次，其所占铁路总客运的比重也由0.5%提高到43.4%；旅客周转量由2008年的15.6亿人次增加到2016年的4 641亿人次，周转量达到原来的297.5倍。截至2017年，中国高速铁路的运营里程已超过2.5万千米，年运送客流量超过15亿人次。根据国际铁路联盟的最新统计数据，全世界每年大约有16亿人次选择高铁出行，其中中国选择高铁出行的人数高达8亿人次，占世界高铁出行量的50%。高速铁路的大规模发展不仅改变了中国的交通格局，而且改变了中国的区域经济格局，对中国不同地区的劳动力就业也将产生深远影响。

表5-1　中国高速铁路发展概况（2008—2016）

时间（年）	营运里程		客运量		旅客周转量	
	公里	占铁路运营里程比重/%	万人	占铁路客运比重/%	亿人次	占铁路客运周转量比重/%
2008	672	0.8	734	0.5	15.6	0.2
2009	2 699	3.2	4 651	3.1	162.2	2.1
2010	5 133	5.6	133 323	8.0	463.2	5.3

① “八纵”是指沿海通道、京沪通道、京港（台）通道、京哈—京港澳通道、呼南通道、京昆通道、包海通道和兰广通道，“八横”是指绥满通道、京兰通道、青银通道、陆桥通道、沿江通道、沪昆通道、夏渝通道和广昆通道。

续表

时间（年）	营运里程		客运量		旅客周转量	
	公里	占铁路运营里程比重/%	万人	占铁路客运比重/%	亿人次	占铁路客运周转量比重/%
2011	6 601	7.1	28 552	15.8	1 058.4	11.0
2012	9 356	9.6	38 815	20.5	1 446.1	14.7
2013	11 028	10.7	52 962	25.1	2 141.1	20.2
2014	16 456	14.7	70 378	30.5	2 825.0	25.1
2015	19 838	16.4	96 139	37.9	3 863.4	32.3
2016	22 980	18.5	122 128	43.4	4 641.0	36.9

数据来源：2017 年《中国统计年鉴》。

5.2.2 模型的设定与推导

本章从宏观角度探讨高速铁路基础设施的就业效应。为了更好地识别高速铁路的就业效应，本书采用倾向得分匹配法（propensity score matching，PSM）和倍差法（difference in differences，DID）相结合的方法，将高铁开通看成是一项准自然实验，以是否开通高铁作为切入点，估计其对劳动力就业的影响。在该方法中，为了考察高铁开通是否会显著影响劳动力的就业选择，首先需要在样本中引入一组未开通高铁的城市作为控制组，相对应的，开通高铁的城市即为实验组。根据倍差法的基本原理可得：

$$L_{DID}=E\ (Y_1{}^T-Y_0{}^T\mid H=1)\ -E\ (Y_1{}^C-Y_0{}^C\mid H=0) \tag{1}$$

其中，H 是高铁开通的虚拟变量，T 是实验组，C 是控制组，Y_0 表示高铁开通以前的就业指标，Y_1 表示高铁开通以后的就业指标。对式（1）两侧进行差分即可得到高速铁路对就业影响的净效应。

值得注意的是，倍差法的使用必须满足两个条件：一是实验组和控制组具有相同的时间趋势；二是高铁是否开通与地区的经济发展水平以及其他因素均不相关，即高铁是否开通是一个外生变量，不存在选择性偏差。如果不能同时满足这两个条件，使用倍差法的估计结果就会有偏。

为了减少倍差法估计中可能存在的自选择问题，本书采用倾向得分匹配法降低倍差法中的选择性偏差。倾向得分匹配的基本思想是将各地区是否会开通高铁看作是一个外生变量，使用滞后被解释变量和各地区的特征条件作为解释变量，通过建立 Logit 模型估计一个地区开通高铁的概率，就是各地区是否开通高铁的倾向得分。进一步的，将实验组和控制组中具有相同得分的地区进行匹配，即可在很大程度上降低选择性偏误。综上所述，倍差法和倾向得分匹配法的基本原理可以表示为：

$$L_{DID\_PSM} = \frac{1}{N^T}\sum_{i\in I^T\cap S}\left[(Y_{1i}^T - Y_{0i}^T) - \sum_{j\in I^C\cap S}\omega(i,\ j)(Y_{1j}^C - Y_{0j}^C)\right] \quad (2)$$

其中，I^T是全部实验组，I^C是控制组，S 是两者的共同支撑域，在该区域中，实验组 I^T的倾向得分区间在控制组 I^C的倾向得分区间内；N^T是在集合 $I^T\cap S$ 中的地区数量，$\omega(i\ ,\ j)$ 是实验组中各地区的权重。

本书通过非参数核函数匹配法（Kernel Matching）计算实验组的权重系数，具体方法为：

$$\omega(i,\ j) = G\left(\frac{P_j - P_i}{b}\right) \Big/ \sum_{k\in I^C}\left(\frac{P_k - P_i}{b}\right)$$

其中，G 表示核函数，b 为带宽，P_i 和 P_j 分别为实验组和控制组中各地区的倾向得分。进一步的，倾向得分可以通过 Logit 模型估计出来：

$$\text{Logit}\ (treated_{it}=1) = \beta_0 + \beta_1 X_{it} + \varepsilon_{it} \quad (3)$$

其中，$treated_{it}$表示开通高铁的虚拟变量，X_{it}表示影响高铁开通的各协变量。

5.2.3 数据与变量的选择

改革开放以来，中国的高铁发展经历了四个阶段：2008 年 8 月之前的传统铁路服务阶段，2009—2010 年的早期建设阶段，2011—2012 年由于温州动车事故引发的全线降速阶段，以及 2012 年之后的全面发展与服务阶段。结合高铁发展的历史阶段，同时综合考虑部分城市统计数据缺失等因素的影响，本书最终选取 2008—2016 年全国 256 个地级以上城市为样本，并以 2010 年为节点，将全部样本分为实验组和对照组。其中，2010 年之前已经开通高铁的 48 个城市为实验组，其余 208 个城市为对照组。为了检验不同地区高速铁路的就业效应，本书还按照每个城市所处的不同区域，将 256 个城市进一步分为东部城市、中部城市和西部城市。

在此基础上，根据前文所构建的计量模型，对模型中涉及的变量进行分类描述（见表 5-2）。表中，Y 表示地区就业水平；H 为高铁是否开通的虚拟变量；H 等于 1 表示开通高铁，H 等于 0 则表示尚未开通高铁。此外，为了更好地估计高铁的就业效应，本书还选取了经济发展水平、地区收入水平、产业结构和财政支出方面的参数作为控制变量。其中，经济发展水平用地区国民生产总值 GDP 表示，一般情况下，一个地区的经济发展水平与其吸纳就业的能力呈正相关，即经济发展水平越高，创造就业的能力也越强；而工资作为地区就业水平的重要影响因素，不仅会影响劳动力就业选择，同时也会作为成本直接影响企业的劳动力需求，本书选择城市在岗职工的平均收入水平代表地区工资水平。此外，一个地区的就业水平与当地的产业结构密切相关，大量研究显示，相对于第一和第二产业来说，第三产业创造和吸纳就业的能力最强，因此，本书选取当地第三产业产值占国民生产总值的比例衡量其对劳动力就业的影响；在一个地区的经济发展过程中，政府财政支出也是就业的重要影响因素，为了便于比较，本书选择财政支出占国民生产总值的比重代表政府的财政支出水平。

表 5-2　变量说明

变量名称	变量简称	变量含义
就业变量	Y	地区就业人口数量（万人）
高铁变量	H	$H=1$ 表示开通高铁，$H=0$ 表示尚未开通高铁
其他控制变量	*gdp*	地区国民生产总值（万元），代表当地的经济发展水平
	income	城市在岗职工的平均收入（元），代表当地的工资水平
	ind	第三产业占比，用第三产业产值占国内生产总值的比重表示（%）
	gov	财政支出占国民生产总值的比重（%）

本书使用的数据来自 2018—2016 年《中国城市统计年鉴》和《中国统计年鉴》，为了去除价格变化产生的影响，本书以 2008 年为基期，运用 GDP 平减指数对各期变量进行了指数缩减。表 5-3 给出了主要变量的描述性统计。由表 5-3 可以看出，样本实验组和控制组的数据存在显著差异，总体看，实验组的就业水平、经济发展水平、平均工资、财政支出占 GDP 的比例，以及第三产业占比都明显高于控制组。在这种情况下，直接进行倍差法比较会产生选择性偏误，而通过倾向得分匹配，可以在很大程度上

降低这种选择性偏差，增强实验组和控制组的可比性。

表 5-3 样本的描述性统计分析

变量	含义	全部样本		实验组		控制组	
		均值	标准差	均值	标准差	均值	标准差
Ln *Y*	就业水平	13.679	10.354	14.072	11.254	13.152	10.026
Ln *gdp*	经济发展水平	16.051	0.975	18.023	0.913	15.890	0.881
Ln *income*	平均工资水平	11.135	0.329	11.325	0.340	11.076	0.308
ind	产业结构	4.456	0.110	4.525	0.093	4.443	0.110
gov	财政支出比例	0.148	0.091	0.151	0.096	0.146	0.089

5.3 计量结果及分析

5.3.1 倾向得分匹配的统计检验

为了降低倍差法的选择性偏误，本书首先对实验组和控制组的变量进行倾向得分匹配，并对协变量匹配前后的差异进行系统检验（见表 5-4）。由表 5-4 可知，在倾向得分匹配之前，实验组的协变量高于控制组，两者之间的差异大多在 1%的水平上显著；而在匹配之后，实验组和控制组的协变量数据基本一致，即不存在显著差异。由此可知，倾向得分匹配提高了实验组和控制组的可比性，从而为倍差法的研究打下了良好基础。

表 5-4 倾向性得分匹配的检验结果

		匹配前			匹配后		
		实验组	控制组	差异	实验组	控制组	差异
Ln *gdp*	经济发展水平	18.023	15.890	2.133***	18.023	18.020	0.003
Ln *income*	平均工资水平	11.325	11.076	0.249*	11.325	11.321	0.004
ind	产业结构	4.525	4.443	0.082*	4.525	4.524	0.001
gov	财政支出比例	0.151	0.146	0.005*	0.151	0.151	0

5.3.2 高速铁路基础设施的就业效应分析

根据“匹配倍差法”估计的一般程序，本书比较了实验组和控制组高速铁路开通前后劳动力就业水平的平均差异，并在此基础上比较了中国不同地区高速铁路的就业效应，估计结果见表 5-5。

表 5-5 中国高速铁路就业效应的估计结果

实证结果	全样本	东部城市	中部城市	西部城市
Ln *Y* 就业	0.203*** (0.065 2)	0.108*** (0.045 8)	0.098*** (0.040 8)	0.017 (0.036 5)
Ln *gdp* 经济发展水平	0.159*** (0.407 1)	0.185*** (0.512 7)	0.184*** (0.323 6)	0.0150*** (0.420 1)
Ln *income* 收入水平	0.117** (0.212 7)	0.102* (0.122 6)	0.135** (0.138 2)	0.004 74 (0.153 0)
ind 产业结构	0.543** (0.432 7)	0.324*** (0.457 6)	0.536* (0.412 9)	0.474 (0.535 6)
gov 财政支出	0.002 3* (0.042 1)	0.016 9* (0.025 4)	0.033 0 (0.034 1)	0.012 4 (0.030 2)

注：①系数下括号内的数字为稳健标准误；

②*表示 $p < 0.05$，即在10%的水平上显著；**表示 $p < 0.01$，即在5%的水平上显著；***表示 $p < 0.001$，即在1%的水平上显著。

从表 5-5 中可以看出，总体而言，中国高速铁路的发展与劳动力就业数量显著正相关，即高速铁路基础设施的就业效应为正，平均而言，高速铁路的开通使得社会的平均就业水平提高了 0.203，通过高速铁路的发展，可以有效促进沿线城市的劳动力就业水平。此外，估计结果还显示，从总体看，经济发展水平、工资收入水平、产业结构中的第三产业占比，以及政府的财政支出都对就业有着显著的正向影响，而这也与前文的假设相一致。

然而，具体到不同的地区，高速铁路对就业的影响并不完全相同，即高速铁路的就业效应存在明显的空间差异性。表 5-5 第 3-5 列的数据显示了高速铁路开通对中国不同地区劳动力就业的影响，由此可知，东部和中部地区的劳动力就业与高速铁路的发展显著正相关，高铁的开通使得东部和中部地区的劳动力就业水平分别提高 0.108 和 0.098，换言之，高速铁路的发展促进了经济相对发达的东中部地区沿线城市就业水平的提升；然而，对于西部地区来说，高速铁路发展与就业的关系并不显著，即高速铁路的开通与当地的就业水平没有必然关系。这意味着高速铁路没有能够有效促进西部地区的劳动力就业；相反，从总体上看，高速铁路的发展还有可能扩大了东中部高铁城市与西部城市的总就业差距。

从理论上说，高速铁路的发展能够缩短地区之间的时空距离，促使更多的资源和要素在不同的地区之间快速流通，进而扩大经济中心的辐射范围。对于高铁沿线区域来说，高铁的发展可能会带来两种不同的影响。一方面，对于基础设施完善、经济发展水平较高的地区，高铁的开通有利于促使更多的人流、物流、资金流向该地区聚集，从而促进该地区经济社会的进一步发展；另一方面，对于基础设施薄弱、经济发展水平相对落后的地区，高铁的开通则会改变当地企业和劳动者的区位选择，促使更多的资本和劳动力外流，最终导致欠发达地区因为交通基础设施发展而出现经济衰退的负面效应。

本书的实证研究结果验证了上述观点，即对于经济发达的东中部地区，高铁开通的就业效应以正面的“涓滴效应”为主；而对于经济发展相对落后的西部地区，高铁的开通则产生了负面的“虹吸效应”。

6

中国交通基础设施的微观就业效应

目前，中国正处在产业结构转型和城市化加速推进过程中，劳动力就业的数量和结构都随着交通基础设施发展而不断变化。为了更好地理解和识别中国交通基础设施变化与劳动力就业的关系，本部分基于微观调查数据，对中国交通基础设施的就业效应进行了描述性统计分析和微观实证研究。

6.1 数据选择及劳动力基本信息介绍

6.1.1 数据来源与样本选择

本书所使用的数据来自中国劳动力动态调查数据（China labor-force dynamics survey，CLDS）。“中国劳动力动态调查”是“985”三期“中山大学社会科学特色数据库建设”专项内容，其目的是通过对中国城乡以村/居为追踪范围的家庭、劳动力个体开展每两年一次的动态追踪调查，系统地监测村/居社区的社会结构和家庭、劳动力个体的变化与相互影响，建立劳动力、家庭和社区三个层次上的追踪数据库，从而为进行实证导向的高质量的理论研究和政策研究提供基础数据。CLDS 聚焦于中国劳动力的现状与变迁，内容涵盖教育、工作、迁移、健康、社会参与、经济活动、基层组织等研究议题，是一项跨学科的大型追踪调查。CLDS 的样本覆盖了中国 29 个省市区（除港澳台、西藏、海南外），调查对象为样本家庭户中的全部劳动力（年龄 15~64 岁的家庭成员）。在抽样方法上，采用多阶段、多层次与劳动力规模成比例的概率抽样方法（multistage cluster, stratified, PPS sampling）。在追踪调查方式上，CLDS 在国内率先采用轮换样本追踪方式，既能较好地适应中国剧烈的变迁环境，同时又能兼顾横截面调查和追踪调查的特点。

CLDS 项目于 2011 年 3 月 17 日正式启动；同年 8—9 月，CLDS 在广东开展了试调查，试调查为评估跟踪调查的样本丢失情况、测试问卷等方面积累了调查执行经验；2012 年 6 月，中山大学联合国内 27 所合作院校，启动了在全国范围内的第一期正式调查。之后，CLDS 项目分别于 2014 年和 2016 年进行了追踪调查。

本书使用2016年搜集，2017年对外公布的2016 CLDS全国追踪调查数据，该数据是目前中国专门针对劳动力问题的全国性微观调查数据之一。这组数据是通过采取计算机辅助调查技术（computer assisted personal interviewing，CAPI）开展入户访问，在上百名教师、调查督导和访问员的共同努力下获得的，包括来自全国309个村（居）委会，10 612个家庭的16 253个劳动力个体样本，涵盖中国除港澳台、海南省、西藏自治区以外的省份。样本的有效应答率在80%以上，能够较好地代表中国劳动力个体及家庭的总体情况。

在数据的整理过程中，首先剔除了一些数据不全的样本和异常值①；同时，为了避免退休带来的工作选择问题，我们根据中国现行退休年龄，将样本年龄限制在男性小于60岁，女性小于55岁。本书最后得到6 280个有效样本，其中54.09%为男性，91.81%的人口年龄小于50岁。

6.1.2 劳动力基本信息介绍

劳动力个人信息的描述性统计分析包括：性别、年龄、户口、教育程度、自评健康、婚姻状况、家庭财富和社区经济状况等方面（见表6-1）。其中，性别（是否男性）、户口（是否城市户口），文盲、小学、初中、高中、大学、研究生及以上文化水平，以及已婚、离异、丧偶、未婚均为取值（0，1）的虚拟变量；自评健康即劳动者对其健康的自我评价，按照非常健康、健康、一般、比较不健康、非常不健康分为五个等级，依次赋值1，0.75，0.5，0.25，0；家庭财富包括家庭固定资产（生产性固定资产和非生产性住房资产）和现金、存款、股票、债券等流动性资产，其计量单位为人民币元。为了避免所选样本存在零值和极小值的可能性，本书对家庭财富取对数 Ln *wealth* = Ln（1+*wealth*）；社区经济状况按照由贫穷到富有分为七个等级，分别赋值1，2，3，4，5，6，7；社区经济状况越好，其赋值越高。

表6-1第2列为样本个人信息的总体情况。由表6-1可知，样本劳动力的平均年龄为40.81岁，劳动者的平均受教育年限为9.73年，其中，文

① 本书中所剔除的异常值是指高度异常的异常值，即与平均值的偏差超过3倍标准差的观测值。

盲、小学、初中、高中文化程度的人所占比例分别为 15.4%，38.2%，30.0%和 13.2%，即以小学和初中文化水平为主，大学和研究生以上教育水平的人数相对较少；劳动者自评健康的平均值为 0.415，即人均健康处于中等水平；绝大部分人处于已婚状态（98.2%），离异、丧偶以及从未结婚的比例之和不足 2%；每个家庭的平均子女数量为 2.14 人，未成年子女数量为 0.182，平均兄弟姐妹数量为 4.061 个。此外，在家庭财富方面，样本劳动力家庭财富对数的平均值为 11.35；而在社区状况方面，样本劳动力所在社区经济状况的平均值为 3.779，即处于中等富裕水平。

表 6-1　劳动者个人基本信息的描述性统计

个人基本信息	全部	男性	女性	城镇	农村	东中部地区	西部地区
男性	0.541 (0.498)	1 (0)	0 (0)	0.544 (0.498)	0.539 (0.499)	0.544 (0.498)	0.531 (0.499)
年龄	40.81 (4.688)	42.50 (4.664)	38.82 (3.864)	40.57 (4.676)	40.99 (4.690)	40.94 (4.637)	40.87 (4.699)
年龄平方	1 665.45 (477.4)	1 806.25 (488.7)	1 649.85 (370.5)	1 645.92 (476.1)	1 680.18 (477.6)	1 676.08 (472.3)	1 670.35 (478.4)
教育年限（年）	9.727 (4.122)	10.732 (3.637)	8.544 (4.340)	10.803 (4.065)	8.954 (3.987)	9.960 (4.107)	9.096 (3.893)
文盲	0.154 (0.361)	0.0615 (0.240)	0.262 (0.440)	0.093 (0.291)	0.197 (0.398)	0.142 (0.349)	0.176 (0.381)
小学	0.382 (0.486)	0.390 (0.488)	0.373 (0.484)	0.340 (0.474)	0.412 (0.492)	0.369 (0.482)	0.421 (0.494)
初中	0.300 (0.458)	0.346 (0.476)	0.246 (0.431)	0.320 (0.467)	0.285 (0.452)	0.309 (0.462)	0.298 (0.457)
高中	0.132 (0.339)	0.163 (0.370)	0.095 7 (0.294)	0.179 (0.384)	0.098 5 (0.298)	0.146 (0.354)	0.097 6 (0.297)
大学	0.031 4 (0.174)	0.038 0 (0.191)	0.023 6 (0.152)	0.065 1 (0.247)	0.007 12 (0.0841)	0.033 5 (0.180)	0.006 86 (0.0825)

续表

个人基本信息	全部	男性	女性	城镇	农村	东中部地区	西部地区
硕士及以上	0.001 4 (0.037)	0.001 77 (0.042 0)	0.001 04 (0.032 2)	0.002 28 (0.047 8)	0.000 82 (0.028 6)	0.001 59 (0.039 9)	0.000 76 (0.027 6)
自评健康	0.415 (0.255)	0.434 (0.258)	0.393 (0.249)	0.437 (0.253)	0.399 (0.254)	0.431 (0.259)	0.407 (0.255)
已婚	0.982 (0.134)	1 (0)	0.960 (0.196)	0.978 (0.146)	0.984 (0.125)	0.984 (0.126)	0.977 (0.151)
离异	0.003 50 (0.059 1)	0 (0)	0.007 63 (0.087 0)	0.006 85 (0.082 5)	0.001 09 (0.033 1)	0.003 64 (0.060 3)	0.003 18 (0.056 3)
丧偶	0.013 7 (0.116)	0 (0)	0.029 8 (0.170)	0.013 7 (0.116)	0.013 7 (0.116)	0.012 1 (0.109)	0.017 5 (0.131)
未婚	0.001 11 (0.033 4)	0 (0)	0.002 43 (0.049 2)	0.001 14 (0.033 8)	0.001 09 (0.033 1)	0.000 455 (0.021 3)	0.002 65 (0.051 4)
子女数量	2.142 (0.980)	2.164 (0.984)	2.115 (0.975)	1.981 (0.994)	2.257 (0.954)	2.135 (0.969)	2.158 (1.006)
未成年子女数量	0.182 (0.486)	0.163 (0.461)	0.204 (0.513)	0.182 (0.483)	0.182 (0.488)	0.164 (0.466)	0.224 (0.526)
兄弟姐妹数量	4.061 (1.825)	4.060 (1.835)	4.061 (1.813)	4.008 (1.832)	4.099 (1.819)	4.077 (1.786)	4.023 (1.913)
家庭财富对数	11.35 (1.796)	11.35 (1.789)	11.36 (1.804)	11.81 (1.882)	11.03 (1.657)	11.49 (1.763)	11.04 (1.833)
社区经济状况	3.779 (1.358)	3.794 (1.355)	3.761 (1.361)	4.294 (1.234)	3.409 (1.322)	3.891 (1.290)	3.496 (1.471)
样本数量	6 280	3 397	2 883	2 626	3 654	4 392	1 888

注：括号中的数字为稳健标准误。

数据来源：2016 年全国劳动力动态调查（CLDS）微观数据。

在总体分析的基础上，我们分别按照性别、城乡以及地区分类，对劳动力个人基本信息进行比较分析，如表 6-1 中第 3~8 列所示。

首先，从性别的角度看，男性和女性劳动者在平均年龄、户口类型、教育水平、健康程度、婚姻状况，以及社区经济状况等方面都存在差别。总体而言，女性的平均年龄较小、城市户口比例较低、教育水平较低、健康状况较差，在家庭中离异、丧偶或未婚的比例较高，其所在社区的经济状况也较差。换言之，与男性相比，女性的人力资本水平较低，在劳动力市场上处于较为弱势的地位。

其次，从城乡的角度看，劳动力在城镇地区和农村地区的差异更为显著。这里的城镇地区是相对农村地区而言的，包括主城区、城乡结合区、镇中心区、镇乡结合区、特殊区域和乡中心区，而农村地区特指村庄。如表6-1第5~6列所示，城镇劳动力的平均受教育年限为10.803年，高于农村劳动力1.849年；同时，城镇劳动力中文盲和小学文化程度的劳动力较少，初中及以上文化程度的劳动力较多，整体教育水平明显高于农村劳动者。此外，城镇劳动力的自评健康高于农村劳动力3.8个百分点，家庭财富和社区经济状况也明显更好。换言之，城镇劳动力与农村劳动力相比，无论是在教育、健康等人力资本存量方面，还是在家庭财富和所处社区经济状况方面，都具有明显优势。

由于中国正处于工业化、城镇化发展的转型期，地区之间经济发展不平衡，导致中国不同地区的劳动力信息也存在显著差异。从总体看，中国东部沿海地区最为富裕、中部次之、西部地区相对贫穷；与之相适应，本文将样本劳动力所在地按照经济发展程度的高低划分为东中部地区和西部地区，如表6-1第7~8列所示①。由表6-1可知，中国东中部地区劳动力的人均受教育年限为9.960年，高于西部地区0.86年；在具体的教育水平方面，东中部地区劳动力中文盲及小学文化程度的劳动力人口比例较低，而初中以上学历特别是高中学历的劳动力人口则明显较多，由此可见，东

① 东中、西部地区的划分标准采用年国家统计局2003年公布的统计标准，即东部地区包括北京、天津、河北、辽宁、上海、江苏、浙江、福建、山东、广东、海南11个省、市，中部地区包括山西、吉林、黑龙江、安徽、江西、河南、湖北和湖南8个省，西部地带包括内蒙古、重庆、四川、贵州、云南、西藏、陕西、甘肃、青海、宁夏、新疆、广西12个省、区、市。由于本章所采用的CDLS微观数据不包含海南和西藏，因此在本章的研究中，东部地区不包括海南，只有10个省、市，西部地区不包括西藏，只有11个省、区、市，加上中部的8个省，共29个省、区、市。

中部地区劳动力的平均教育水平较高；同时，东中部地区劳动者的自评健康高于西部地区 0.024 个百分点，健康状况较好；在家庭财富和所处社区经济状况方面，东中部地区劳动者的条件也明显优于西部地区。

6.2 劳动力就业与收入概述

6.2.1 中国劳动力就业规模与就业类型

中国是世界上人口最多的国家，拥有丰富的劳动力资源。改革开放以来，随着经济规模的不断扩大和劳动力绝对数量的不断增加，中国的社会就业规模一直保持在较高的水平。表 6-2 为样本数据的劳动力就业情况，包括全社会就业总量和就业结构两个方面。在就业结构方面，本书首先将社会就业分为非农就业和农业生产经营两大类，并在此基础上进一步将非农就业分为雇佣劳动、个体或私营以及家庭经营三种类型，如表 6-2 第 1 列。总体看，2016 年底，中国的劳动参与率（即全社会就业人口占全部劳动年龄人口的比例）较高，为 87.1%，意味着绝大部分劳动年龄人口实现了农业生产经营或非农就业。其中，58.7%的劳动人口实现了非农就业，41.3%的劳动人口从事农业生产经营。而在非农就业中，雇佣劳动所占的比例最大，为全部劳动人口数量的 40.3%。另有 10.8%的劳动人口选择个体或私营工作，从事家庭经营活动的就业人员比例约为 7.6%。由以上数据可知，从就业结构的角度看，尽管中国的非农就业水平一直在不断提高，但截至 2016 年，中国从事非农就业的劳动人口比例尚未达到 60%（包括同时从事农业生产活动的流动人口），与发达国家 80%左右的城市化水平相比，还存在很大差距。理论分析和国际经验表明，城市化是劳动力市场发育和经济发展的一个关键推动因素。城市人口每增加 1 个百分点，全社会的人均经济活动至少增长两个百分点；在很多国家和地区，人均国内生产总值（GDP）的增长速度都是城市化增长率的 2 倍以上（Walker，2012）。按照近 10 年来中国人口城镇化的速度，农村人口每年减少1 000～1 200 万人；再过 20 年，中国依然存在 4 亿左右的农村人口，城市化率才达到 70%左右的水平。中国城市化发展以及非农就业水平的提高依然任重道远。

表 6-2 劳动力就业的分布情况

	全部	男性	女性	城镇	农村	东中部地区	西部地区
全社会总就业	0. 871 (0. 335)	0. 917 (0. 275)	0. 817 (0. 387)	0. 806 (0. 396)	0. 918 (0. 274)	0. 867 (0. 339)	0. 881 (0. 324)
非农就业	0. 587 (0. 496)	0. 644 (0. 498)	0. 412 (0. 463)	0. 678 (0. 494)	0. 336 (0. 473)	0. 586 (0. 500)	0. 489 (0. 468)
雇佣劳动	0. 403 (0. 459)	0. 485 (0. 487)	0. 305 (0. 404)	0. 498 (0. 489)	0. 234 (0. 424)	0. 451 (0. 474)	0. 382 (0. 409)
个体或私营	0. 108 (0. 311)	0. 143 (0. 340)	0. 072 (0. 270)	0. 161 (0. 357)	0. 078 (0. 269)	0. 116 (0. 323)	0. 085 (0. 279)
家庭经营	0. 076 (0. 141)	0. 016 (0. 126)	0. 025 (0. 156)	0. 019 (0. 138)	0. 024 (0. 143)	0. 019 (0. 138)	0. 022 (0. 148)
农业生产经营	0. 413 (0. 484)	0. 356 (0. 483)	0. 588 (0. 485)	0. 322 (0. 485)	0. 664 (0. 397)	0. 414 (0. 492)	0. 511 (0. 453)
样本数量	6 280	3 397	2 883	2 626	3 654	4 392	1 888

注：括号中的数字为稳健标准误。

数据来源：2016 年全国劳动力动态调查（CLDS）微观数据。

表 6-2 中第 3~8 列为不同性别、城乡以及地区之间的比较分析。总体看，男性从事非农就业的比例高于女性，在具体的就业类型方面，男性更倾向于雇佣劳动以及个体或私营工作，而女性则更偏好家庭经营劳动。

从城乡经济结构的角度看，由于中国存在较大的城乡差别，城镇劳动力与农村劳动力相比，无论在就业总量还是就业类型方面都存在较大差异。在就业总量方面，农村地区劳动力的总体就业率为 91. 8%，比城镇地区高 11. 2 个百分点，这意味着农村劳动力需要付出更多的劳动以维持现有的生活水平；在就业类型方面，农村劳动力从事农业生产和家庭经营活动的比例高于城市劳动力，而在非农就业特别是雇佣劳动以及个体和私营工作方面，农村劳动力的就业比例则明显低于城市劳动力。

此外，中国地区间的城市化水平和经济发展水平不平衡，不同地区的劳动者在就业方面的选择也不尽相同。如表 6-2 中第 7~8 列，中国东中部地区的劳动者从事非农就业，特别是雇佣劳动以及个体和私营工作的比例明显高于西部地区，而进行农业生产以及家庭经营活动的比例则低于西部地区，中国西部地区劳动者的非农就业水平还有待进一步提高。

6.2.2 中国劳动力跨地区流动概况与比较分析

劳动力跨地区流动即劳动力在地区间的地理流动或者空间流动。在中国，由于经济发展不平衡，城乡之间、地区之间存在较大差别，劳动力跨地区流动的主要目的在于改变就业类型和提高就业收入。因此，区域间劳动力流动数量的提高，对于优化就业结构和改善就业收入具有重要意义。表 6-3 与表 6-4 为样本劳动力的跨地区流动情况与分类比较。需要说明的是，本书的跨地区流动值是劳动力在地区之间的长期性流动，即不包括短期的季节性流动。由表 6-3 可知，样本劳动力跨地区流动的总体比例为 10.7%，即超过 1/10 的劳动力选择了跨地区流动；其中，女性劳动力的流动比例比男性高 2.3 个百分点，40 岁以下青壮年劳动力的流动比例比 40 岁以上老年劳动力高 1.6 个百分点。值得注意的是，由于受地理位置、交通基础设施条件，以及户口制度等因素的影响，中国城乡之间的劳动力流动比例存在较大差别。如表 6-4 第 2~3 列，城镇地区的劳动力流动率为 18.3%，而农村地区仅为 5.15%，不足城镇地区的 1/3，意味着与城镇劳动力相比，农村劳动力流动所面临的阻力较大，劳动者的经济活动空间也较为有限。与城乡之间的差别相比，劳动力流动在地区之间的差异则相对较小。如表 6-4 第 4~5 列，中国东中部地区劳动力跨地区流动的比例为 10.8%，西部地区为 10.2%，两者相差 0.6 个百分点；即东部地区的劳动力流动率略高于西部地区。

表 6-3 中国的劳动力流动情况（1）

	全部	男性	女性	40 岁及以下	40 岁以上
流动	0.107 (0.309)	0.096 (0.295)	0.119 (0.324)	0.114 (0.318)	0.098 (0.298)
样本数量	6 280	3 397	2 883	3 236	3 044

注：括号中的数字为稳健标准误。

数据来源：2016 年全国劳动力动态调查（CLDS）微观数据。

表 6-4 中国的劳动力流动情况（2）

	城镇	农村	东中部地区	西部地区
流动	0. 183 （0. 387）	0. 051 5 （0. 221）	0. 108 （0. 311）	0. 102 （0. 303）
样本数量	2 626	3 654	4 392	1 888

注：括号中的数字为稳健标准误。

数据来源：2016 年全国劳动力动态调查（CLDS）微观数据。

6.2.3 中国劳动力收入水平与收入分配

改革开放以来，随着经济的发展与城市化的推进，中国城乡劳动力的收入水平发生了较大变化。表 6-5 和表 6-6 为 2016 年底中国样本劳动力的年收入自然对数。在这里，为了避免样本存在零值和极小值的可能性，我们对劳动力年收入取对数的方法为 $\mathrm{Ln}\ income=\mathrm{Ln}\ (1+income)$，其中，*income* 为劳动者的年收入，单位为人民币元。

表 6-5 样本劳动力年收入的自然对数（1）

	全部	男性	女性	40 岁及以下	40 岁以上
年收入对数	8. 004 （1. 240）	8. 017 （1. 227）	7. 988 （1. 255）	7. 956 （1. 337）	8. 054 （1. 126）
样本数量	6 280	3 397	2 883	3 236	3 044

注：括号中的数字为稳健标准误。

数据来源：2016 年全国劳动力动态调查（CLDS）微观数据。

表 6-6 样本劳动力年收入的自然对数（2）

	城镇	农村	东中部地区	西部地区
年收入对数	8. 365 （1. 063）	7. 744 （1. 292）	8. 176 （1. 200）	7. 604 （1. 239）
样本数量	2 626	3 654	4 392	1 888

注：括号中的数字为稳健标准误。

数据来源：2016 年全国劳动力动态调查（CLDS）微观数据。

由表6-5可知，2016年中国样本劳动力的年收入对数为8.004，其中，男性的年收入对数略高于女性，40岁以下青壮年劳动力的年收入对数略低于40岁以上老年劳动力，原因是老年劳动者的劳动经验更丰富，积累的人力资本水平相对较高。与性别、年龄之间的差异相比，中国劳动力在城乡之间、地区之间的收入差距更为明显。如表6-6，中国城镇地区劳动者的年收入对数比农村地区劳动者高0.621，东中部地区劳动者的年收入对数比西部地区劳动者高0.572，意味着与农村地区、西部地区相比，城镇地区和东中部地区劳动力市场的人均收入水平明显较高。

6.3 交通基础设施发展现状分析

6.3.1 交通基础设施的总体状况分析

交通运输作为联系整个经济时空结构的基础和必要条件，对劳动力流动和社会就业具有重要影响。改革开放以来，随着工业化和信息化的推进以及现代物流业的兴起，中国的交通运输业得到了迅速发展，交通基础设施在整个国民经济发展和劳动力市场发育中的地位日益重要。

表6-7为样本所在地的交通运输情况。其中，道路通达率即样本所在地是否拥有可以通车的道路，1表示有，0表示没有；道路类型按照道路等级的高低共分为三种：柏油路或水泥路、砂石路和土路，其赋值分别为3，2，1；一般情况下，道路类型的值越大，意味着当地的道路等级越高。道路在过去一年里的实际通车天数的值越大，说明道路通车情况越好。道路整洁程度按照由很乱到整洁分为7个档次，分别赋值1，2，3，4，5，6，7；道路整洁程度的值越大，意味着道路越整洁。公共交通方面的公交路线数量和所在地居委会或村委会到常去的公交车站的距离，以及所在地居委会或村委会到常去的火车站的距离，单位为千米。

表 6-7 样本地区的交通基础设施状况

变量	均值	方差	最小值	最大值
道路通达率	0.933	0.250	0	1
道路类型	2.479	0.923	0	3
柏油路或水泥路	0.675	0.469	0	1
砂石路	0.0986	0.298	0	1
土路	0.227	0.419	0	1
道路实际通车天数	326.54	97.36	0	365
道路整洁程度	3.924	1.422	1	7
公交路线的数量	1.891	3.643	0	32
距常去公交车站的距离	0.493	0.937	0	4.605
距最常去火车站的距离	53.23	60.41	0	320

数据来源：2016 年全国劳动力动态调查（CLDS）微观数据。

由表 6-7 可知，样本中 93.3%的社区或村庄拥有可以通车的道路，即样本地区的通车率较高。其中，67.5%的地区拥有柏油路或水泥路，9.86%的地区拥有砂石路，另有 22.7%的地区只有土路；在通车天数方面，样本地区道路的平均通车天数为 326.54 天，即接近 11 个月；道路整洁程度的平均水平为 3.924，即处于中等偏上水平。这意味着中国绝大部分地区已经可以通车，但是在具体的道路类型和道路整洁程度方面还存在不少差距。在公共交通方面，样本地区公交线路的平均数量为 1.891，当地居委会或村委会到常去公交车站的平均距离为 0.493 千米，而到常去火车站的平均距离为 53.23 千米。

6.3.2 交通基础设施状况的区域比较分析

如前所述，由于中国经济发展不平衡，城乡之间、地区之间存在较大差异，导致中国的交通运输发展也不平衡。为了更好地了解中国的交通运输现状，本书在总体分析的基础上，分别对中国城乡之间以及地区之间的交通运输情况进行比较分析，如表 6-8 所示。

表 6-8　中国不同地区的交通运输状况

交通基础设施指标	全部	城镇地区	农村地区	东中部地区	西部地区
道路通达率	0. 933 (0. 250)	0. 950 (0. 217)	0. 920 (0. 271)	0. 947 (0. 224)	0. 899 (0. 301)
道路类型	2. 479 (0. 923)	2. 667 (0. 810)	2. 344 (0. 974)	2. 586 (0. 825)	2. 232 (1. 079)
柏油路	0. 675 (0. 469)	0. 785 (0. 411)	0. 595 (0. 491)	0. 752 (0. 432)	0. 494 (0. 500)
砂石路	0. 0986 (0. 298)	0. 0731 (0. 260)	0. 117 (0. 321)	0. 0669 (0. 250)	0. 172 (0. 378)
土路	0. 227 (0. 419)	0. 142 (0. 349)	0. 288 (0. 453)	0. 181 (0. 385)	0. 334 (0. 472)
道路通车天数	326. 5 (97. 36)	333. 6 (90. 20)	321. 5 (101. 9)	339. 1 (81. 57)	297. 2 (121. 8)
道路清洁程度	3. 924 (1. 422)	4. 293 (1. 386)	3. 659 (1. 388)	4. 031 (1. 394)	3. 675 (1. 453)
公共交通线路	1. 891 (3. 643)	3. 105 (4. 567)	1. 018 (2. 449)	1. 790 (3. 126)	2. 125 (4. 620)
公交车站距离	0. 493	0. 232	0. 680	0. 413	0. 679
	(0. 937)	(0. 770)	(1. 000)	(0. 820)	(1. 144)
火车站距离	53. 23 (60. 41)	42. 90 (60. 42)	60. 65 (59. 32)	45. 26 (46. 00)	71. 76 (82. 03)
样本数量	6 280	2 626	3 654	4 392	1 888

注：括号中的数字为稳健标准误。

数据来源：2016 年全国劳动力动态调查（CLDS）微观数据。

从表 6-8 中可以看出，中国城镇地区的道路通车率为 95%，比农村地区高 3 个百分点，即城镇地区的道路通达性更好；在具体的道路类型方面，城镇地区拥有更多的柏油路和水泥路，砂石路和土路所占比例较低，道路的整体水平较高。此外，城镇地区道路的年通车天数比农村地区多 12. 1 天，道路清洁程度也优于农村地区。在公共交通方面，城镇地区平均拥有的公交线路数量为 3. 105，是农村地区的 3 倍以上；而与常去的公交车站之间的平均距离是 0. 232 千米，仅为农村地区的 1/3 左右；城镇地区劳动力到常去火车站的平均距离也明显小于农村地区。综上所述，无论是从内部的通达性，还是从与外部连接的便捷程度看，城镇地区的交通基础设施水平都高于农村地区。

类似的差别同样存在于不同的地区之间。如表 6-8 第 5~6 列，中国东中部地区的道路通达率为 94. 7%，而西部地区仅为 89. 9%，两者相差 4. 8 个百分点；同时，西部地区的道路通车天数为 297. 2 天，比东中部地区少 41. 9 天。由此可见，与东中部地区相比，中国西部地区的道路通达率和道路通车天数都亟待提高。在道路类型方面，东中部地区拥有较多的柏油路和水泥路以及较少的砂石路和土路，道路等级和道路清洁度都高于西部地区；在公共交通方面，西部地区虽然拥有更多的公交线路，但其距离常去的公交车站以及常去的火车站都高于东中部地区，即交通便利程度较低。总体看，与东中部地区相比，中国西部地区的交通基础设施水平还有待进一步提高。

6. 4 模型设定与变量选择

如前所述，作为经济时空结构的连接基础，交通基础设施对劳动力的就业选择及就业收入具有重要影响。目前，尽管已经有大量关于劳动力就业行为的实证研究，但有关发展中国家交通基础设施对劳动力就业影响的研究仍然十分有限。作为世界上最大的发展中国家，中国交通基础设施的发展以及交通工具的改进不仅可以扩大劳动者的就业范围，而且有可能改善劳动力市场的就业结构与就业环境，提高其就业收入；因此，采用微观调研数据实证研究中国交通基础设施的就业效应，具有十分重要的理论和现实意义。

6. 4. 1 基本模型的设定

为了识别和估计交通运输对劳动力就业的影响，本书首先建立了以下多元回归模型：

$$L_i=\beta_0+\beta_1 T_i+\beta_2 X_i+\varepsilon_i \ (i=1,\ 2,\ \cdots,\ n) \tag{1}$$

其中，L_i 是被解释变量，即劳动力就业的相关变量，包括全社会非农就业量（*Non-agriculture Work*）、农业生产经营（*Agriculture Work*）、区域间流动（*Migrant*）、年收入对数（Ln *income*），以及非农就业中的雇佣劳动（*Employed*）、个体或私营（*Half-employed*）、家庭经营（*Family Business*）七个方面；T_i 是交通运输变量；X_i 是一系列可能影响劳动力就业相关变量的解释变量或控制变量；ε_i 是具有独立同分布和正态分布的误差项。

值得注意的是，交通运输作为建立劳动力市场联系的基本纽带，与劳动力就业之间的关系具有一定的内生性，即不仅交通运输的发展会影响劳动力就业，反过来，劳动力市场的就业变动也会影响交通运输的发展。一方面，大量的劳动力供给为交通运输业的发展提供了充足的劳动力资源和人力资本；另一方面，劳动力就业水平越高的地区，市场经济活动越活跃，对交通运输的需求也越多。因此，从理论上而言，交通运输也可能是劳动力市场发育和就业增长的结果；由于这种内生性的存在，我们在实证研究中很难准确估计交通运输对于劳动力就业的边际贡献。换言之，在估计交通运输对劳动力就业的贡献时，交通运输是一个内生变量，直接进行普通最小二乘法（OLS）回归所得到的参数估计不是一致性的结果。在这种情况下，为了准确估计交通运输对劳动力就业的作用，我们需要为交通运输变量 T_i 寻找合适的工具变量并进行两阶段回归：

$$T_i = \delta_0 + \delta_1 P_i + \delta_2 X_i + u_i \ (i=1,\ 2,\ \cdots,\ n) \tag{2}$$

$$L_i = \gamma_0 + \gamma_1 P_i + \gamma_2 X_i + \sigma_i \ (i=1,\ 2,\ \cdots,\ n) \tag{3}$$

式中，P_i为工具变量，T_i为解释变量，u_i 和 σ_i 是服从联合正态分布的残差项。作为工具变量，P_i必须与交通运输变量 T_i 密切相关，但同时与误差项 ε_i 不相关，即不直接进入 L_i 的解释模型中。本书采用 Stata 中的 regress 命令和 ivregress 命令进行普通最小二乘回归和工具变量回归。

6.4.2 工具变量的设置与检验

为了准确估计交通运输对劳动力就业的作用，我们需要为交通运输变量 T_i 寻找合适的工具变量。如前所述，工具变量必须具备两个基本条件：

一是相关性，即 Cov（P_i，T_i）$\neq 0$，工具变量 P_i 与交通运输变量 T_i 密切相关；二是外生性，即 Cov（σ_i，P_i）$= 0$，工具变量 P_i 与误差项 ε_i 不相关。为了构建符合上述条件的工具变量，本书首先整理了中国历年来的地区优惠政策并按照其优惠程度的不同进行了具体分类，如表 6-9 中第 1 列；进一步的，为了准确量化各地区优惠政策的水平及差异，本书根据地区优惠政策的类型和数量进行权重设置，设置方案如表 6-9 中第 2~3 列：对于第一次出现的优惠政策，分别取权重 3，2，1，以体现其优惠程度差别；对于第二次或多次出现的优惠政策，分别取权重 1，1/2，1/3 以体现其数量差异。

表 6-9　中国不同地区的优惠政策类型

优惠政策类型	首次权重	多次权重
经济特区、上海浦东新区	3	1
经济技术开发区、边界经济合作区	2	1/2
沿海开放城市、沿海开放经济区、开放海岸带、长江沿岸主要开放城市，以及内地省会或自治区首府城市、西部大开发地区、中部崛起地区	1	1/3

资料来源：作者整理。

根据表 6-9 的权重设定方案，同时结合中国各地区优惠政策的批准时间，可以计算出中国截至 2016 年的地区优惠政策指数 P_i，即：

$$P_i = \sum \text{政策执行时间(截至 2014 年)} \cdot \text{政策权重}$$

中国各地区的地区优惠政策指数 P_i 如附录中表 A。一方面，由于某地区在享受地区优惠政策的同时会获得更多的交通基础设施投资，因此地区优惠政策指数 P_i 与当地的交通基础设施水平 T_i 密切相关；另一方面，由式（2）可知，地区优惠政策指数 P_i 完全由政策类型和政策实施时间决定，与误差项 ε_i 不相关，即地区优惠政策指数 P_i 具有外生性。

进一步，为了检验解释变量 T_i 是否存在内生性，本书利用豪斯曼检验对解释变量 T_i 进行了内生性分析。豪斯曼检验是通过比较一致估计量与有效估计量的 Wald 统计量检验原解释变量是否具有内生性。本书利用 Stata 统计软件进行检验，首先按照式（2）进行回归分析，即将内生解释变量

T_i作为被解释变量，将工具变量P_i和其他外生解释变量X_i作为解释变量进行回归，以得到回归残差R；其次将残差R和除工具变量P_i以外的所有解释变量放入主回归方程进行回归，即：

$$L_i = \mu_0 + \mu_1 X_i + \mu_2 R + v_i \ (i = 1, 2, \cdots, n) \tag{4}$$

最后对残差R的回归系数t及相应的概率P值进行检验。P值越小，说明残差R的回归系数越显著；如果P值小于0.001，则意味着残差R在1%的水平上显著，即拒绝原假设，T_i为内生解释变量，普通OLS回归分析得到的参数结果不一致，需要进行工具变量IV回归。

进一步，为了检验工具变量的相关性，我们采用最小特征值统计量（minimum eigenvalue statistic）对工具变量P_i进行分析。其中，最小特征值统计量即第一阶段回归的F统计量，其值越大意味着工具变量与内生解释变量的相关性越好。根据经验法则，F统计值大于10表示工具变量与内生解释变量高度相关，而F值小于10则意味着工具变量与内生解释变量不相关，可能存在"弱工具变量"（weak instrument）问题（James Stock，2003）。

6.4.3 交通基础设施变量的设置与说明

本书旨在考查交通基础设施对劳动力就业的贡献与影响，因此，交通基础设施变量的选择与设置是本书的重点问题之一。如前所述，在全国劳动力动态调查微观问卷中，有关交通运输的变量主要包括以下几个方面：道路通达率（*Road_h*）、道路类型（*Road_t*）、道路通车天数（*Road_d*）、道路整洁程度（*Road_c*）、公交线路数量（*Bus_n*）、样本所在地居委会或村委会到常去的公交车站的距离（*Bus_d*），以及样本所在地居委会或村委会到常去的火车站的距离（*Train_d*）。本书首先根据道路通达率（*Road_h*）、道路类型（*Road_t*）、道路通车天数（*Road_d*），以及道路整洁程度（*Road_c*），设置道路综合指标（*Road*），即：

$$Road = Road\_h \cdot Road\_t \cdot (Road\_d/365) + \ln(Road\_c)$$

在综合公交线路数量（*Bus_n*）和样本所在地到常去的公交车站距离（*Bus_d*）的基础上，设置公交综合指标（*Bus*），即：

$$Bus = \ln(Bus\_n+1) - \ln(Bus\_d+1)$$

在这里，由于样本中 Bus_n 和 Bus_d 存在零值和极小值的可能性，对其取对数时采取了 $\ln X = \ln (X+1)$ 的方法，其中，X 为拟处理变量。类似的，我们可以得到火车站距离指标（*Train*），即：

$$Train = 5.771\,441 - \ln (Train\_d + 1)$$

其中，5.771 441 为 $\ln (Train\_d+1)$ 的最大值。在此基础上，我们将道路综合指标（*Road*）、公交综合指标（*Bus*），以及火车站距离指标（*Train*）进行加总，从而得到交通基础设施综合指标（*Transport*），即：

$$Transport = \sum (Road + Bus + Train)$$

表 6-10 为中国各地区的交通基础设施综合指标。由表 6-10 可知，中国交通基础设施综合指标的平均值为 6.668，其中，城镇地区的交通综合指标高于农村地区 1.827，东中部地区的交通综合指标高于西部地区 1.001。这与我们之前的分析结果，即城镇地区、东中部地区的交通基础设施水平较高相一致。

表 6-10 交通运输综合指标及其地区差别

变量	全部	城镇地区	农村地区	东中部地区	西部地区
交通运输	6.668	7.731	5.904	6.969	5.968
	(2.498)	(2.542)	(2.164)	(2.233)	(2.908)
样本数量	6 280	2 626	3 654	4 392	1 888

注：括号中的数字为稳健标准误。

数据来源：2016 年全国劳动力动态调查（CLDS）微观数据。

6.4.4 其他控制变量的选择与描述

如前所述，影响劳动力就业的因素很多。本书从微观层面出发，将影响劳动力就业的控制变量归纳为四个方面。

一是个人因素，包括个人先天因素和后天因素。其中，先天因素即个人生来即具备的自然或社会属性，如性别、年龄等；后天因素是指个人通过自己的行为而获得的社会属性，如婚姻状况等。本书选取先天因素中的性别、年龄，以及后天因素中的户口类型、婚姻状况作为控制变量。由于样本中离异、丧偶以及从未结婚的人口比例不足 2%，本书在婚姻状态中未对其进行细分，即将婚姻状态分为已婚和其他两大类。此外，为了更准确地估计变量之间的非线性关系，本书在控制变量中还考虑了年龄的平方。

二是人力资本因素。人力资本即依附在劳动力身上的体力和智力资本，对劳动力的就业选择特别是收入水平的高低具有决定性影响。一般情况下，人力资本是劳动者通过教育、培训、实践经验、跨地区流动、保健等方面的投资而获得的（林玳玳，2005）。其中，教育作为人力资本投资的重要手段，已经得到了有关学者的高度重视；而健康作为人力资本的重要组成部分，其研究却非常有限。为更加全面地分析人力资本的就业效应，本书不仅选取了劳动者的受教育年限作为教育指标，同时选取了自评健康作为人力资本因素的控制变量。

三是家庭因素，即劳动者所在家庭的各种相关因素。由加里·贝克尔的家庭经济学可知，个人作为家庭的成员，其就业选择往往是家庭成员共同决策的结果。因此，对劳动者个人的就业问题进行研究不能忽视家庭因素的影响（Becker，1960）。本书选取子女数量、未成年子女数量、兄弟姐妹数量和家庭财富作为家庭因素的控制变量，探讨其对个人就业选择的影响。为了消除数据中的异方差性，对家庭财富数据做了对数处理。

四是社区因素，即劳动者所在社区或村庄的整体情况。作为劳动者赖以生存的外部环境，社区经济状况的好坏同样会影响劳动者的就业选择。本书选取劳动者所在社区或村庄的社会经济状况（social and economic status of the community or village，SES of the C/V）作为衡量指标，以探讨其对劳动力就业的综合效应。

6.5 实证结果与分析

6.5.1 工具变量的有效性检验

如前所述，为了检验工具变量的有效性，本书分别利用 Durbin-Wu-Hausman 检验和最小特征值统计量估计，对解释变量 T_i 的内生性和工具变量 P_i 的相关性进行了实证分析，其结果如表 6-11 所示。

表 6-11 工具变量的有效性检验

样本	全部	男性	女性	40岁以下	40岁以上	城镇地区	农村地区	东中部地区	西部地区
内生性检验									
T值	-11.96	-6.18	-11.27	-11.34	-5.46	-5.82	6.46	-9.88	-3.98
P值	0.000 0	0.000 0	0.000 0	0.000 0	0.000 0	0.000 0	0.000 0	0.000 0	0.000 1
相关性检验									
$F1^{st}stage$	255.72	161.70	130.08	151.05	109.33	89.75	86.17	157.98	88.70
样本数量	6 280	3 397	2 883	3 236	3 044	2 626	3 654	4 392	1 888

数据来源：2016年全国劳动力动态调查（CLDS）微观数据。

从表6-11中可以看出，无论是全体样本数据，还是按照不同性别、年龄、城乡以及地区进行分类的子样本数据，其Durbin-Wu-Hausman检验的P值均小于0.001，从而在1%的显著性水平下拒绝了交通运输变量T_i为外生的假设。这意味着普通OLS回归分析得到的参数估计不是一致性的结果，为了准确估计其对劳动力就业的边际效应，需要建立工具变量指标并进行工具变量回归。

同时，从相关性的角度看，最小特征值统计量，即第一阶段回归分析的F统计值都明显大于10。根据经验法则，当只考虑一个内生变量时，第一阶段F统计值大于10意味着工具变量P_i与内生变量T_i高度相关，即不存在弱工具变量问题（Stock，2003）。在这种情况下，工具变量P_i能够很好地解释内生变量T_i的边际贡献，即工具变量P_i有效。

6.5.2 实证模型的总体估计结果与分析

由于交通基础设施变量T_i存在严重的内生性问题，为准确估计其对劳动力就业L_i的影响，本书不仅采用普通最小二乘估计（ordinary least squares estimates，OLS）进行多元回归分析，同时也运用两阶段最小二乘法，以地区优惠政策P_i作为交通基础设施状况T_i的工具变量进行回归（instructive variable regress，IV），以得到参数的一致性估计。实证模型的总体估计结果如表6-12和表6-13所示。其中，非农就业与农业生产经营活动相对，包括雇佣劳动、个体或私营、家庭经营三种主要类型；流动是

表 6-12　实证模型的总体估计结果（1）

实证结果	非农就业		雇佣劳动		个体或私营		家庭经营	
回归方法	OLS 回归	IV 回归	OLS 回归	IV 回归	OLS 回归	IV 回归	OLS 回归	IV 回归
交通基础设施	0.020 3***	0.432***	0.016 9***	0.310***	0.004 80*	0.110***	−0.001 53	−0.005 25
	(7.30)	(5.84)	(6.37)	(5.42)	(2.52)	(3.78)	(−1.75)	(−0.48)
男性	0.245***	0.361***	0.176***	0.258***	0.071 1***	0.101***	−0.007 13	−0.008 17
	(18.29)	(10.26)	(13.75)	(9.51)	(7.76)	(7.27)	(−1.69)	(−1.56)
年龄	0.040 6*	0.058 9	0.026 6	0.039 7	0.021 6	0.026 3	−0.012 2	−0.012 3
	(2.04)	(1.39)	(1.40)	(1.21)	(1.58)	(1.58)	(−1.94)	(−1.96)
年龄平方	−0.000 524**	−0.000 785	−0.000 328	−0.000 514	−0.000 270*	−0.000 337*	0.000 117	0.000 119
	(−2.68)	(−1.89)	(−1.76)	(−1.60)	(−2.02)	(−2.05)	(1.90)	(1.93)
教育年限	0.012 9***	−0.014 8	0.012 1***	−0.007 65	0.000 663	−0.006 43**	−0.000 406	−0.000 156
	(8.06)	(−2.47)	(7.89)	(−1.65)	(0.61)	(−2.72)	(−0.81)	(−0.17)
城市户口	0.128***	0.582***	0.120***	−0.386***	0.010 8	−0.171**	−0.009 14	−0.002 73
	(7.35)	(4.40)	(7.22)	(−3.77)	(0.91)	(−3.28)	(−1.67)	(−0.14)
自评健康	0.172***	−0.108	0.117***	−0.082 7	0.051 1***	−0.020 7	0.005 14	0.007 67
	(7.61)	(−1.55)	(5.39)	(−1.54)	(3.29)	(−0.76)	(0.72)	(0.74)
已婚	−0.075 7	−0.150	−0.058 8	−0.111	0.000 628	−0.018 3	−0.012 1	−0.011 4
	(−1.78)	(−1.64)	(−1.44)	(−1.58)	(0.02)	(−0.51)	(−0.90)	(−0.84)
家庭财富对数	0.029 8***	0.023 4***	0.010 7***	0.006 16	0.016 7***	0.015 1***	0.001 57	0.001 62
	(9.14)	(3.34)	(3.44)	(1.14)	(7.49)	(5.46)	(1.52)	(1.56)

续表

实证结果	非农就业		雇佣劳动		个体或私营		家庭经营	
社区经济状况	0.020 7***	0.281***	0.013 5**	0.201***	0.003 97	0.073 3***	0.003 83*	0.006 56
	(4.33)	(5.11)	(2.95)	(4.73)	(1.21)	(3.38)	(2.55)	(0.80)
_cons	−1.004*	−2.503*	−0.589	−1.657	−0.627	−1.011*	0.338*	0.352*
	(−1.97)	(−2.25)	(−1.21)	(−1.93)	(−1.80)	(−2.31)	(2.11)	(2.13)
样本数量	6 280	6 280	6 280	6 280	6 280	6 280	6 280	6 280

注：①括号内的数字为稳健标准误。

②* 表示 $p < 0.05$，即在 10%的水平上显著；** 表示 $p < 0.01$，即在 5%的水平上显著；*** 表示 $p<0.001$，即在 1%的水平上显著。

数据来源：2016 年全国劳动力动态调查（CLDS）微观数据。

表 6-13　实证模型的总体回归结果（2）

实证结果	农业生产经营		劳动力流动		年收入对数	
回归方法	OLS 回归	IV 回归	OLS 回归	IV 回归	OLS 回归	IV 回归
交通基础设施	-0.034 2***	-0.657***	0.014 5***	0.194***	0.067 5***	1.744***
	(-13.23)	(-6.32)	(7.81)	(5.28)	(9.76)	(6.24)
男性	0.021 0	-0.154**	-0.034 5***	0.016 0	-0.025 7	0.446***
	(1.69)	(-3.13)	(-3.86)	(0.92)	(-0.77)	(3.36)
年龄	0.025 8	-0.002 02	-0.030 0*	-0.022 0	0.095 9	0.171
	(1.39)	(-0.03)	(-2.26)	(-1.04)	(1.94)	(1.07)
年龄平方	-0.000 221	0.000 174	0.000 295*	0.000 181	-0.000 815	-0.001 88
	(-1.22)	(0.30)	(2.26)	(0.88)	(-1.68)	(-1.19)
教育年限	-0.006 45***	0.035 4***	0.002 51*	-0.009 56**	-0.005 45	-0.118***
	(-4.34)	(4.20)	(2.35)	(-3.20)	(-1.37)	(-5.21)
城市户口	-0.413***	-0.661***	0.147***	-0.162*	-0.101*	2.994***
	(-25.54)	(-3.56)	(12.71)	(-2.47)	(-2.33)	(5.98)
自评健康	0.049 3*	0.473***	0.003 70	-0.119***	0.231***	0.911***
	(2.34)	(4.85)	(0.24)	(-3.43)	(4.10)	(3.47)
已婚	0.043 6	0.156	-0.029 1	-0.061 4	0.162	-0.140
	(1.10)	(1.21)	(-1.02)	(-1.35)	(1.53)	(-0.40)
家庭财富对数	-0.031 3***	-0.021 6*	-0.002 32	-0.005 13	0.055 4***	0.029 3
	(-10.33)	(-2.20)	(-1.07)	(-1.47)	(6.84)	(1.11)
社区经济状况	-0.030 0***	-0.426***	0.001 59	0.130***	0.299***	0.929***
	(-6.75)	(-5.52)	(0.50)	(4.76)	(25.23)	(4.47)
_cons	0.620	2.889	0.779*	0.125	3.000*	-3.111
	(1.31)	(1.85)	(2.30)	(0.23)	(2.37)	(-0.74)
样本数量	6 280	6 280	6 280	6 280	6 280	6 280

注：①括号内的数字为稳健标准误。

②*表示 $p<0.05$，即在 10%的水平上显著；**表示 $p<0.01$，即在 5%的水平上显著；***表示 $p<0.001$，即在 1%的水平上显著。

数据来源：2016 年全国劳动力动态调查（CLDS）微观数据。

指劳动力在地区之间的长期性流动，即不包括临时的或季节性的流动；年收入的计量单位为人民币元。

从表6-12、表6-13中可以看出，交通基础设施对中国劳动力的总体就业水平具有显著的正面促进作用。除非农就业中的家庭经营指标外，几乎所有被解释变量 L_i 的回归结果都能够在1%的显著性水平下通过显著性检验。其他控制变量 X_i 的回归系数基本符合我们的预期，即男性劳动力的非农就业比例和年收入水平较高；拥有城市户口或身体健康的劳动力更倾向于从事非农就业，其跨地区流动率，以及年收入水平也相对较高；子女数量、家庭财富对数以及社区经济状况与劳动力的非农就业量、跨地区流动率，以及年收入对数显著正相关，而与农业生产经营数量显著负相关。值得注意的是，与普通OLS回归的估计结果相比，交通基础设施指标 T_i 在工具变量IV回归中的回归系数显著增大，回归的显著性也相对较高，由此可见，普通OLS回归与工具变量IV的回归结果存在较大差异。这意味着交通基础设施指标 T_i 存在严重的内生性问题，从而导致普通OLS回归所得到的参数估计不一致，不能理解为实际的因果效应。

从非农就业方面看，交通基础设施与中国的非农就业特别是雇佣劳动、个体或私营劳动显著正相关。由表6-12第3列可知，交通基础设施指标每提高1个百分点，全社会的非农就业量显著提高0.432个百分点，其中，雇佣劳动量以及从事个体或私营的劳动力数量分别提高0.310和0.110个百分点，而从事家庭经营活动的劳动力数量则没有显著变化。由此可以看出，交通基础设施的发展对于中国非农就业数量特别是雇佣劳动和个体或私营活动量的提高具有重要意义。

从农业生产经营方面看，与非农就业相反，交通基础设施水平与中国农业生产经营数量呈负相关关系。如表6-13第3列，交通基础设施综合指标每提升1个百分点，导致从事农业生产经营的劳动力数量显著降低0.657个百分点，换言之，交通基础设施的发展程度越高，全社会从事农业生产经营的劳动者越少。在这种情况下，交通基础设施水平的提高，一方面可以促进非农就业量的增加；另一方面又可以减少从事农业生产经营的劳动力数量，即交通基础设施的发展可以提升非农就业在全社会就业量中的比例，优化就业结构。

此外，在劳动力跨地区流动方面，交通基础设施水平提高1个百分点，使得全社会的劳动力流动率显著提高 0.194 个百分点，换言之，交通基础设施对劳动力的跨地区流动具有明显的促进作用。同时，在收入水平方面，交通基础设施水平的提高还有助于提高劳动者的平均收入水平。如表 6-13 第 7 列，交通基础设施指标每提高 1 个百分点，劳动者的年收入对数显著提高 1.744 个百分点。由此可见，交通基础设施的发展对劳动力跨地区流动和收入水平的提高都具有积极的促进作用。

6.5.3 实证模型的分类估计结果与分析

在对总体样本进行回归分析的基础上，本书对于每个被解释变量 L_i，分别按照性别、年龄、城乡和地区的不同进行了分类比较和参数估计，其估计结果如表 6-14 和表 6-15 所示。其中，所有回归都包含相同的控制变量，即：性别、年龄、年龄平方、受教育年限、户籍状态、自评健康状态、婚姻状态、子女数量、未成年子女数量、兄弟姐妹数量、家庭财富对数和社区经济状况。由于篇幅所限，表 6-14 和表 6-15 中没有显示上述控制变量的回归系数（具体的估计结果详见附录 B）。

从性别的角度看，交通基础设施对男性劳动力和女性劳动力的非农就业、跨地区流动、收入水平，以及非农就业中的雇佣劳动、个体或私营劳动都具有明显的促进作用，但是在具体的回归系数方面存在显著差别。如表 6-14 中第 2~5 列，交通基础设施指标每提高 1 个百分点，使得男性劳动力的非农就业量、雇佣劳动量、跨地区流动率，以及年收入对数分别提高 0.297，0.163，0.133，1.624 个百分点，而同期女性劳动力的非农就业量、雇佣劳动量、跨地区流动率、年收入对数，随着交通运输综合指标的增长分别提高 0.638，0.532，0.295，1.952 个百分点。此外，男性劳动力的农业生产经营活动随着单位交通基础设施指标的提升而降低 0.608 个单位，而女性劳动力农业生产经营活动则降低 0.741 个单位。由此可见，单位交通基础设施指标变动对女性劳动力影响的回归系数高于男性，即女性劳动力的就业选择和收入水平受交通运输因素的影响更大。

从年龄的角度看，交通基础设施对于不同年龄阶段劳动力的影响也不完全一致。如表 6-14 第 6~9 列，交通基础设施指标每提高 1 个百分点，40 岁以下青壮年劳动力的非农就业量、雇佣劳动量、跨地区流动率，以

表 6-14 实证模型的分类回归结果（1）

实证结果	男性		女性		年龄<=40 小于 40		年龄>40 大于 40	
	OLS 回归	IV 回归	OLS 回归	IV 回归	OLS 回归	IV 回归	OLS 回归	IV 回归
非农就业	0.020 3***	0.297***	0.020 8***	0.638***	0.023 0***	0.710***	0.017 4***	0.237***
	(5.24)	(4.16)	(5.23)	(3.71)	(5.89)	(3.52)	(4.36)	(4.12)
雇佣劳动	0.015 9***	0.163**	0.018 5***	0.532***	0.018 4***	0.469***	0.015 0***	0.197***
	(4.07)	(3.01)	(5.27)	(3.69)	(4.85)	(3.36)	(4.01)	(3.87)
个体或私营	0.006 41*	0.117**	0.003 13	0.102*	0.005 10	0.195**	0.004 74	0.053 0
	(2.27)	(2.97)	(1.26)	(2.34)	(1.82)	(2.81)	(1.84)	(1.91)
家庭经营	−0.002 30*	−0.005 19	−0.000 649	−0.006 11	−0.000 652	0.014 8	−0.002 48*	−0.019 4
	(−2.16)	(−0.42)	(−0.45)	(−0.30)	(−0.50)	(0.70)	(−2.11)	(−1.57)
农业生产经营	−0.032 1***	−0.608***	−0.036 9***	−0.741***	−0.033 0***	−0.909***	−0.034 8***	−0.478***
	(−9.26)	(−4.99)	(−9.49)	(−3.83)	(−9.11)	(−3.62)	(−9.39)	(−5.29)
流动	0.013 0***	0.133***	0.016 9***	0.295***	0.016 9***	0.328***	0.012 4***	0.102***
	(5.54)	(3.65)	(5.76)	(3.50)	(6.27)	(3.38)	(4.85)	(3.30)
年收入对数	0.065 7***	1.624***	0.070 3***	1.952***	0.051 7***	2.210***	0.081 3***	1.411***
	(7.08)	(4.93)	(6.77)	(3.77)	(4.97)	(3.53)	(9.00)	(5.37)
样本数量	3 397	3 397	2 883	2 883	3 236	3 236	3 044	3 044

注：①括号内的数字为稳健标准误。

②* 表示 $p<0.05$，即在 10%的水平上显著；** 表示 $p<0.01$，即在 5%的水平上显著；*** 表示 $p<0.001$，即在 1%的水平上显著。

③所有回归都包含其他控制变量，其他控制变量包括性别、年龄、年龄平方、受教育年限、户籍状态、自评健康状态、婚姻状态、子女数量、未成年子女数量、兄弟姐妹数量、家庭财富对数、社区经济状况。

数据来源：2016 年全国劳动力动态调查（CLDS）微观数据。

表 6-15　实证模型的分类回归结果（2）

实证结果	城镇		农村		东中部		西部	
	OLS 回归	IV 回归	OLS 回归	IV 回归	OLS 回归	IV 回归	OLS 回归	IV 回归
非农就业	0.023 5***	0.302***	0.013 3***	-0.337***	0.020 1***	0.444***	0.010 3*	1.783
	(5.69)	(3.77)	(3.46)	(-3.40)	(5.45)	(5.10)	(2.43)	(0.41)
雇佣劳动	0.023 1***	0.358***	0.009 60**	-0.209**	0.016 6***	0.363***	0.008 28*	0.046 4
	(5.53)	(3.94)	(2.72)	(-2.90)	(4.57)	(4.84)	(2.20)	(0.11)
个体或私营	0.000 507	-0.033 9	0.006 12**	-0.098 2*	0.005 64*	0.080 9*	0.002 37	1.353
	(0.16)	(-0.87)	(2.66)	(-2.40)	(2.18)	(2.43)	(0.85)	(0.41)
家庭经营	0.000 362	-0.041 2*	-0.003 05*	-0.037 5	-0.002 26*	-0.014 5	-0.000 285	0.212
	(0.28)	(-2.34)	(-2.45)	(-1.93)	(-2.01)	(-1.08)	(-0.19)	(0.39)
农业生产经营	-0.042 4***	-0.337***	-0.015 1***	0.353***	-0.044 0***	-0.648***	-0.018 7***	-4.585
	(-11.10)	(-4.16)	(-4.43)	(3.55)	(-12.73)	(-5.64)	(-4.84)	(-0.41)
流动	0.035 9***	0.177***	-0.001 26	0.006 57	0.021 7***	0.198***	0.004 57	1.758
	(10.39)	(3.41)	(-0.73)	(0.27)	(8.91)	(4.66)	(1.54)	(0.41)
年收入对数	0.058 6***	0.998***	0.067 1***	-2.328***	0.060 1***	2.000***	0.058 0***	2.884
	(6.90)	(4.21)	(6.35)	(-3.98)	(6.84)	(5.55)	(5.07)	(0.41)
样本数量	2 626	2 626	3 654	3 654	4 392	4 392	1 874	1 874

注：①括号内数字为稳健标准误。

②* 表示 $p<0.05$，即在 10%的水平上显著；** 表示 $p<0.01$，即在 5%的水平上显著；*** 表示 $p<0.001$，即在 1%的水平上显著。

③所有回归都包含其他控制变量，其他控制变量包括性别、年龄、年龄平方、受教育年限、户籍状态、自评健康状态、婚姻状态、子女数量、未成年子女数量、兄弟姐妹数量、家庭财富对数、社区经济状况。

数据来源：2016 年全国劳动力动态调查（CLDS）微观数据。

及年收入对数分别提高 0.710，0.469，0.328，2.210 个百分点；而 40 岁以上劳动者的非农就业量、雇佣劳动量、跨地区流动率和年收入对数，分别提高 0.237，0.197，0.102，1.411 个百分点，上升幅度远小于 40 岁以下青壮年劳动力。同时，随着单位面积交通基础设施指标每提高 1 个百分点，40 岁以下青壮年劳动力的农业生产经营活动下降 0.909 个百分点，而 40 岁以上老年劳动者的农业生产经营活动只下降 0.478 个百分点，下降程度也小于 40 岁以下劳动力。此外，在从事个体和私营工作方面，交通基础设施发展对 40 岁以下劳动力的个体或私营工作具有正面影响，即单位交通基础设施指标的提高，使得 40 岁以下劳动力的个体和私营活动提高 0.195 个百分点；但对 40 岁以上老年劳动力则没有显著影响。由此可见，无论是从影响系数，还是从影响的显著性方面看，交通基础设施对青壮年劳动力的影响都高于老年劳动力。

由于中国现阶段正处于二元经济结构转型期，城乡之间的经济发展水平和劳动力市场发育程度都存在较大差别。因此，本书在总体分析的基础上，进一步比较了交通运输对中国城镇地区和农村地区劳动力就业的影响，如表 6-14 第 2~5 列所示，交通运输在城镇地区和农村地区之间的就业效应存在较大差别。一方面，交通基础设施指标每提升 1 个百分点，城镇地区劳动力的非农就业量、雇佣劳动量、跨地区流动率和年收入对数，分别提高 0.302，0.358，0.177，0.998 个百分点，家庭经营活动和农业生产经营活动分别降低 0.0412 和 0.337 个单位，即从整体上说，交通运输对城镇地区劳动力的就业数量和结构、跨地区流动率，以及劳动收入都具有积极的促进作用；另一方面，交通基础设施指标每提高 1 个百分点，农村地区劳动力的非农就业量、雇佣劳动、个体或经营劳动、年收入对数，分别降低 0.337，0.209，0.0982，2.328 个百分点，农业生产经营活动提高 0.353 个百分点；由此可见，交通运输对农村地区劳动力的非农就业量、就业结构以及劳动收入都具有负面影响。对于农村地区来说，交通基础设施水平的提高不但没有带来非农就业的增长和收入的提高，反而降低了农村地区现有的非农就业量和劳动收入。

进一步的，本书从地区发展水平差异的角度，对中国东中部地区以及西部地区交通基础设施的就业效应进行了客观比较和分析。如前所述，目前中国地区间的经济发展不平衡，东部最优，中部次之，西部最弱，从而导致中国不同地区交通基础设施发展的就业效应也存在明显差异。如表6-15第6~9列，对中东部地区来说，交通运输对劳动力就业、跨地区流动及收入水平的高低都具有显著影响。交通运输综合指数每提高1个百分点，东中部地区劳动力的非农就业量、雇佣劳动、个体与私营活动、跨地区流动率，以及年收入水平对数分别提高0.444，0.363，0.0809，0.189，2.000个百分点，而农业生产经营活动则降低0.648个百分点。由此可见，交通运输发展对东中部地区劳动力的就业、跨地区流动和收入水平的提高都具有显著的正面效应。而与此同时，交通运输对中国西部地区劳动力就业的边际贡献和影响并不显著。由表6-15最后一列可知，无论是从非农就业（包括雇佣劳动、个体或私营以及家庭经营）和农业生产经营方面看，还是从跨地区流动数量和年收入对数方面看，西部地区交通基础设施指标的Ⅳ回归系数都不显著，意味着西部地区的交通运输与劳动力就业之间没有明显的相关性。

7 结论与政策建议

本书将经济空间价值引入劳动经济学分析，探讨了劳动力市场的经济时空结构和有效距离，对劳动力就业过程中的交通运输成本及其影响因素进行了深入分析，并进一步研究了交通基础设施的发展对劳动力供给和需求的影响。在此基础上，本书一方面采用倾向得分匹配法和倍差法，以高速铁路为例，从宏观层面探讨交通基础设施对劳动力就业的影响；另一方面利用2016年全国劳动力动态调查（CLDS）数据，采用工具变量法和最小二元回归法，从微观层面实证估计了交通基础设施对中国劳动力流动、就业以及收入水平的影响。考虑到性别、年龄、城乡以及地区因素在劳动力供给以及收入上的差异，本书在对总体样本进行分析的基础上，分别按照性别、年龄、城乡以及地区的不同进行了分类比较和参数估计。

7.1 研究结论

理论研究显示，交通基础设施发展对不同地区的劳动力供给和需求具有不同影响。对于经济发展水平较高的地区，交通基础设施水平的提高会带来就业的增长和收入的增加。而对于经济发展水平相对落后的地区，交通基础设施发展既有可能通过虹吸效应导致本地人才和资本外流，降低当地劳动力市场的就业和收入水平，也有可能通过涓流效应吸引外部资源和生产要素，促进当地劳动力市场的就业增长与收入增加。换言之，对于经济发展水平相对落后的地区来说，交通基础设施发展对劳动力就业的影响具有双面性。

总体而言，本书的实证研究结果显示，交通基础设施水平与中国全社会劳动力的非农就业量、就业结构、劳动力流动率以及收入水平显著正相关，即从整体看，交通基础设施发展有利于提高中国劳动力市场的非农就业量、优化就业结构，同时对劳动力的跨地区流动以及就业收入的提高也具有积极的促进作用。其中，与男性相比，女性劳动力的就业选择和收入水平受交通运输的正面影响较大；与40岁以上的中老年劳动力相比，40岁以下青壮年劳动力的就业、跨地区流动和收入水平与交通基础设施发展的正相关关系更为明显。

值得注意的是，交通基础设施对中国城乡地区的就业效应具有显著差别。对于城镇地区来说，交通基础设施水平的提升促进了劳动力非农就业量的提高、就业结构的优化以及劳动收入的提高，即交通基础设施对劳动力就业具有正面影响；而对于农村地区来说，交通基础设施水平的提高导致越来越多的劳动力离开农村流入城市，从而导致当地劳动人口的减少。换言之，交通基础设施发展也有可能对当地劳动力就业产生负面影响。

此外，交通基础设施发展对中国不同地区的就业效应也具有明显差异。宏观和微观实证结果都显示，交通基础设施水平与中国东中部地区的劳动力就业、跨地区流动以及收入水平的高低显著正相关，但对西部地区劳动力就业的边际贡献和影响却并不显著，即交通基础设施水平与西部地区的劳动力就业之间没有明显的相关性。

目前，中国的经济发展不平衡，城乡之间、地区之间存在较大差异，因此，引入经济时空结构的分析，对于辩证地认识交通基础设施发展与劳动力就业的关系具有重要意义。总体看，现阶段中国西部地区以及农村地区的经济发展水平和劳动力市场发育程度都落后于东中部地区和城镇地区；在交通基础设施发展之后，城乡、地区之间的人才、资金、技术、信息等要素，很可能依托交通基础设施的通道优势而由经济发展水平较低的西部地区和农村地区快速转移至经济发展水平较高的东中部地区和城镇地区，从而对西部地区和农村地区的劳动力就业产生虹吸效应和收缩效应。因此，在区域经济一体化与同城化趋势加快的宏观背景下，如何从整体发展的角度统筹规划城乡、地区间的产业布局和经济发展模式，从而尽可能地减少交通基础设施发展所导致的虹吸效应，增强其涓流效应或扩散效应，是中国各级政府所必须面对的当务之急。

7.2 政策建议

本书的实证结果具有明显的政策含义。一方面，交通基础设施的发展对劳动力就业有着显著的正向促进作用，交通基础设施水平的提高可以显著提高中国的整体就业水平和工资收入。因此，面对错综复杂的国际环境和稳中趋缓的国内经济形势，中国政府有必要继续实施以交通等基础设施投资为主的积极财政政策，以进一步提高经济增长质量，促进经济结构的转型与升级。另一方面，由于交通基础设施发展也会使劳动力及其他资源加速流向经济发展水平较高的地区，从而对经济发展相对落后的地区产生虹吸效应和收缩效应，因此，各级政府在加强交通基础设施建设和优化交通运输工具的同时，也应当统筹规划区域产业结构布局，努力提高当地的宏观投资环境，从而为本地劳动力市场创造更多更好的就业机会。此外，由于重要的交通基础设施主要是将各个城市相连通，与城镇地区相比，中国农村地区的交通基础设施水平仍然十分落后，交通基础设施水平与劳动力就业显著负相关，因此，在推进中国的城市化进程中，交通基础设施的发展特别是农村地区的交通基础设施建设仍然可以发挥重要作用。更进一步的，相对于东中部地区来说，中国西部地区的交通基础设施水平较为落后，交通运输发展对劳动力就业的影响不显著，因此，在提高交通基础设施水平的同时，西部地区应努力培育区域经济增长极，加强地区产业的专业化分工与区域聚集，从而不断增强西部地区交通基础设施发展的涓流效应或扩散效应，促进劳动力资源的优化配置和就业水平的提高。

7.3 创新与不足

7.3.1 本书的主要创新点

本书在借鉴已有研究成果的基础上，力求在三个方面有所创新。

第一，研究对象的创新。本书将时间和空间的价值引入劳动力市场分析，以交通基础设施的就业效应为研究对象，在理论分析的基础上，系统论证了交通基础设施的发展，对中国劳动力就业的影响机制和作用效果，并对不同性别、年龄、城乡以及地区间的差异进行了比较研究，一定程度上填补了现有研究的空白。

第二，数据与变量选择的创新。本书从宏观和微观两个层面对交通基础设施的就业效应进行了研究。在第五章宏观分析层面，本书以高速铁路为例探讨了交通基础设施的宏观就业效应；在第六章微观分析层面，本书选取中国劳动力动态调查的微观调研数据，同时结合中国交通基础设施发展与劳动力就业的实际情况，建立能够反映就业理论与新经济地理学理论的多元回归模型，并设置交通基础设施综合指标以及地区政策指数进行实证研究，从而为研究交通基础设施的就业效应提供了新的分析思路。

第三，研究方法的创新。交通基础设施与劳动力就业的关系具有内生性，即交通基础设施会影响劳动力就业，而劳动力的就业选择也会影响交通基础设施的发展。如何处理内生性问题是研究交通基础设施的就业效应时必须考虑的一个重要问题。在第五章宏观分析层面，本书将高速铁路的修建看作是一项外生政策冲击的准自然实验，采用倾向得分匹配法（PSM）和倍差法（DID）对政策的效果加以评估；在第六章微观分析层面，本书采用工具变量法进行两阶段回归分析，并通过 Durbin－Wu－Hausman 检验和最小特征值统计量估计对解释变量的内生性和工具变量的相关性进行了实证分析，从而较好地解决了交通基础设施和就业的内生性问题。

7.3.2 本书的不足之处与进一步研究的方向

本书的研究还存在一定的不足。

首先，由于数据有限，本书实证分析所采用的数据均为市级及以上行政单位的数据，缺乏对县级及以下单位交通基础设施的就业效应的研究。在未来的研究中，随着可获得数据的增加，可以尝试去做一些不同层面的数据分析，从而更好地了解交通基础设施的就业效应。

其次，目前东中部高速铁路的客流量已经形成一定规模，而西部地区的高速铁路尚未网络化，客流量也非常有限。这些区域如何借助高速铁路实现区域经济发展和就业促进，还有待进一步研究。

此外，交通基础设施的发展与就业变动是关系国计民生的重大问题，各项政策措施必须经过实践检验。本研究所推崇的政策措施尽管经过了一些详细分析甚至测算论证，但这些政策措施还有待进一步的实践检验。

参考文献

［1］韦伯. 工业区位论［M］. 李刚剑，陈志人，张英保，译. 北京：商务印书馆，1997.

［2］谢泼德. 地理学还是经济学：空间、时间、相互依赖和经济人的概念［J］. 牛津经济地理学手册. 刘卫东，等译. 北京：商务印书馆，2000.

［3］布雷克曼，盖瑞森，马勒惠克. 经济地理学［M］. 西南财经大学文献中心翻译部，译. 成都：西南财经大学出版社，2004.

［4］Sylvie Démurger，等. 地理位置与优惠政策对中国地区经济发展的相关贡献［J］. 经济研究，2002（9）：14-23.

［5］白重恩，张琼. 中国的资本回报率及其影响因素分析［J］. 世界经济，2014（10）：3-30.

［6］北京市公共交通研究所. 北京市居民出行调查工作总结和工作报告［R］. 北京：北京市公共交通研究所，1987.

［7］蔡昉，王德文. 作为市场化的人口流动：第五次人口普查数据分析［J］. 中国人口科学，2003（5）：11-19.

［8］蔡昉. 认识中国经济减速的供给侧视角［J］. 经济学动态，2016（4）：14-22.

［9］蔡昉. 刘易斯转折点与公共政策方向的转变：关于中国社会保护的若干特征性事实［J］. 中国社会科学，2010（6）：13.

［10］蔡昉. 中国城市限制外地农民工就业的政治经济学分析［J］. 中国人口科学，2000（4）：1-10.

［11］陈平. 文明分岔、经济混沌和演化经济动力学［M］. 北京：北京大学出版社，2004.

［12］崔民选，王军生. 中国交通运输业发展报告（2011）［M］. 北京：社会科学文献出版社，2011.

［13］邓蒙芝，罗仁福，张林秀. 道路基础设施建设与农村劳动力非

农就业：基于5省2000个农户的调查［J］. 农业技术经济，2011（2）：8.

［14］丁兆庆. “双二元结构”下的农村剩余劳动力转移［J］. 调研世界，2004（5）：24-26.

［15］都阳，曲玥. 劳动报酬，劳动生产率与劳动力成本优势：对2000—2007年中国制造业企业的经验研究［J］. 中国工业经济，2009（5）：11.

［16］樊胜根. 公共支出、增长和贫困：来自发展中国家的启示［M］. 北京：科学出版社，2009.

［17］李斯特. 政治经济学的国民经济体系［M］. 邱伟立，译. 北京：商务印书馆，1961.

［18］付纪元，严雁飞. 论民工荒与结构性失业［J］. 浙江师范大学学报，2005（2）：4- 12.

［19］高峰. 交通基础设施投资与经济增长［M］. 北京：中国财政经济出版社，2005.

［20］耿元，林玳玳. 铁路运输对沿线城市发展的影响研究：以鄂尔多斯市铁路发展规划为例［J］. 铁道经济研究，2009（12）：262-269.

［21］顾江. 人力资源配置［J］. 中国人力资源开发，2001（3）：18-19.

［22］哈耶克. 致命的自负［M］. 冯克利，等译. 北京：中国社会科学出版社，2000.

［23］韩彪. 交通运输发展理论［M］. 大连：大连海事大学出版社，1994.

［24］何建武. 全要素生产率：着力提升服务业TFP与部门内部配置效率［M］. 北京：中信出版社，2015.

［25］侯东民，王德文，白南生，等. 从“民工荒”到“返乡潮”：中国的刘易斯拐点到来了吗？［J］. 人口研究，2009（2）：32-47.

［26］侯风云. 中国人力资本形成及现状［M］. 北京：经济科学出版社，1999.

［27］胡英. 2000—2008年中国城镇、乡村经济活动人口数量估计［J］. 中国人口科学，2009（6）：14-22.

［28］贾康，苏京春．推进供给侧改革，跨越“中等收入陷阱”［N］．人民日报，2016-09-05.

［29］赖德胜，李长安．当前中国就业领域的主要矛盾及其对策［J］．新华文摘，2010（14）：25-27.

［30］赖德胜．教育与收入分配［M］．北京：北京师范大学出版社，1998.

［31］李玲．人力资本运动与中国经济增长［M］．北京：中国计划出版社出版，2003.

［32］李培林，陈光金，张翼．社会蓝皮书：2016 年中国社会形势分析与预测［M］．北京：社会科学文献出版社，2015.

［33］李实，邓曲恒．中国城镇失业率的重新估计［J］．经济学动态，2004（4）：44-47.

［34］李实．中国经济转轨中劳动力流动模型［J］．经济研究，1997（1）：23-30.

［35］李长安．经济新常态下中国的就业形势与政策选择［J］．北京工商大学学报（社会科学版），2016（6）：1-9.

［36］林玳玳，袁伦渠，赵翔宇．现代企业人力资源管理与设计［M］．北京：中国劳动社会保障出版社，2003.

［37］刘明宇．贫困的制度成因：产业分工与交换的经济学分析［M］．北京：经济管理出版社，2007.

［38］刘润．以“二元经济”为背景的中国发展型失业问题研究［J］．辽宁教育行政学院学报，2005（1）：15- 18.

［39］刘学军，赵耀辉．劳动力流动对城市劳动力市场的影响［J］．经济学（季刊），2009（1）：18.

［40］龙哈德．工业设备的最佳区位决定［M］．北京：商务印书馆，1982.

［41］卢亮．中国城市化进程中的农村劳动力转移就业变动：对机制和趋势的分析［D］．北京：中国人民大学，2006.

［42］陆根尧．经济增长中的人力资本效应［M］．北京：中国计划出版社，2004.

［43］罗仁福，张林秀，王晓兵，等．高速公路变迁对农村劳动力非农就业的影响研究［J］．经济经纬，2013（4）：44-48.

［44］马克思．资本论：第三卷［M］．北京：人民出版社，1975.

［45］马涛．东北地区经济转轨机理研究：一个制度演化的视角［M］．上海：复旦大学出版社，2007.

［46］迈克·穆尔．没有壁垒的世界：自由、发展、自由贸易和全球治理［M］．巫尤，译．北京：商务印书馆，2007.

［47］秦兴方．人力资本与收入分配机制［M］．北京：经济科学出版社，2003.

［48］冉光和，汤芳桦．中国非正规金融发展与城乡居民收入差距：基于省级动态面板数据模型的实证研究［J］．经济问题探索，2012（1）：185-190.

［49］荣朝和．交通物流时间价值及其在经济时空分析中的作用［J］．经济研究，2011（8）：133-146.

［50］荣朝和．论运输化［M］．北京：中国社会科学出版社，2002.

［51］荣朝和．探究铁路经济问题：第二辑［M］．北京：经济科学出版社，2009.

［52］荣朝和．重视基于交通运输资源的运输经济分析［J］．北京交通大学学报，2006（4）：1-7.

［53］芮宏．大型交通基础设施建设对区域经济增长影响研究：以民用机场为例［D］．上海：复旦大学，2009.

［54］萨伊．政治经济学概论［M］．陈福生，陈振骅，译．北京：商务印书馆，2020.

［55］宋洪远，庞丽华，赵长保．对增加农民收入的探索［J］．党政干部参考，2004（1）：2.

［56］孙志超．公路交通对经济增长和社会就业贡献及测算方法研究［D］．北京交通大学，2007.

［57］沃斯．国际发展理论的演变及其对发展的认识［J］．经济社会体制比较，2004（2）：1-12.

［58］藤田昌久，蒂斯．集聚经济学：城市、产业区位与区域增长

[M]. 刘峰，等译 . 成都：西南财经大学出版社，2004.

[59] 汪传旭 . 交通运输与经济发展协调程度的定量评价 [J]. 上海海运学院学报，1999，9 (20)：12-19.

[60] 王桂新，潘泽瀚，陆燕秋 . 中国省际人口迁移区域模式变化及其影响因素：基于 2000 和 2010 年人口普查资料的分析 [J]. 中国人口科学，2012 (5)：4-15，113.

[61] 王庆云 . 中国交通发展的演进过程及问题的思考 [J]. 交通运输系统工程与信息，2007，7 (1)：1-11.

[62] 韦伟，傅勇 . 城乡收入差距与人口流动模型 [J]. 中国人民大学学报，2004 (6)：16-22.

[63] 魏众 . 2000—2011 年中国宏观分配格局中的问题分析：基于资金流量表的分析 [J]. 经济学动态，2014 (11)：7.

[64] 阿兰索 . 区位和土地利用：地租的一般理论 [M]. 梁进社，等译 . 北京：商务印书馆，2007.

[65] 吴要武 . "刘易斯转折点" 来临：我国劳动力市场调整的机遇 [J]. 开放导报，2007.

[66] 吴要武，陈梦玫 . 当经济下行碰头就业压力：对中国城乡劳动力市场状况的分析 [J]. 劳动经济研究，2018 (3)：54-74.

[67] 熊永钧 . 运输与经济发展 [M]. 北京：中国铁道出版社，1998.

[68] 许春风 . 新疆生产建设兵团公路交通与经济社会发展研究 [D]. 武汉理工大学，2011.

[69] 许学军 . 技术进步、收入分配与人力资本形成 [M]. 北京：经济科学出版社，2003.

[70] 杨河清 . 中国劳动经济蓝皮书 (2009) [M]. 北京：中国劳动社会保障出版社，2010.

[71] 杨云彦，敖荣军，朱金生，等 . 全球化、劳动力流动与经济空间重构 [M]. 北京：中国财政经济出版社，2008.

[72] 于立 . 产业组织评论 [M]. 大连：东北财经大学出版社，2008.

[73] 于忠江 . 公路建设对劳动生产率与人均收入的影响研究 [D]. 华中科技大学，2008.

［74］袁伦渠．劳动经济学［M］.5 版．大连：东北财经大学出版社，2017.

［75］袁志刚．新的历史起点：中国经济的非均衡表现与走势［J］. 学术月刊，2008（11）：42-45.

［76］杜能．孤立国同农业和国民经济的关系［M］. 吴衡康，译．商务印书馆，1986.

［77］曾湘泉．优化就业结构提高就业质量［J］. 中国就业，2017（9）：4-6.

［78］张德远．西方劳动经济学［M］. 上海：上海财经大学出版社，1999.

［79］张凤林．中国人力资本利用效率低下的原因［J］. 中国人力资源开发，1999（5）：4-8.

［80］张光南，李小瑛，陈广汉．中国基础设施的就业，产出和投资效应：基于 1998—2006 年省际工业企业面板数据研究［J］. 管理世界，2010（4）：10.

［81］张国强．交通运输发展的经济分析：比较优势与制度的观点［M］. 北京：经济科学出版社，2010.

［82］张宏伟．三元经济下劳动力流动的分析框架［M］. 北京：经济科学出版社，2008.

［83］张黎夫．论时间价值的特性［J］. 荆州师专学报，1998，21（1）：5.

［84］张善余．人口地理学概论［M］. 上海：华东师范大学出版社，1999.

［85］张世晴．人口：经济增长的理论研究［M］. 西安：陕西人民出版社，1994.

［86］张一力．人力资本与区域经济增长［M］. 杭州：浙江大学出版社，2005.

［87］赵坚，李伊松，宫小全，等．面向 2020 年的“十一五”期间中国现代服务业发展纲要研究报告［M］. 北京：中国经济出版社，2007.

［88］赵坚．引入空间维度的经济学分析及中国铁路问题研究［M］.

北京：中国经济出版社，2009.

[89] 赵忠．中国的城乡移民：我们知道什么，我们还应该知道什么？[J]. 经济学（季刊），2004，3（3）：20.

[90] 中华人民共和国国家统计局．中国统计年鉴（2017）[M]. 北京：中国统计出版社，2017.

[91] 周天勇．中国城市化发展道路的选择 [J]. 中共珠海市委党校珠海市行政学院学报，2010（6）：8.

[92] 周祝平．经济发展阶段、生育转变与劳动力供给 [J]. 人口研究，2009，33（2）.

[93] 朱炼彬．中国高失业现象原因及对策 [J]. 沿海企业与科技，2005（11）：5-8.

[94] ARNOTT R. Economic theory and the spatial mismatch hypothesis [J]. Urban studies，1998，35（6）：1171-1185.

[95] ASCHAUER D A. Is public expenditure productive? [J]. Journal of monetary economics，1989，23（2）：177-200.

[96] BALDWIN R E. Core - periphery model with forward - looking expectation [J]. Regional science and urban economics，2001（31）.

[97] BANERJEE A，DUFLO E ，QIAN N. On the road：Access to transportation infrastructure and economic growth in China [J]. Journal of development economics，2020（145）.

[98] BANISTER D，BERECHMAN J. Transport investment and economic development [M]. London：UCL Press，2000.

[99] BENABOU R. Workings of a city：locations，education and production [J]. Quarterly journal of economics，1993，108（8）：619-652.

[100] BIVENS J，POLLACK E. The labor market impact of targeted investments in transportation infrastructure：an analysis of transportation for America's jobs proposal [J]. Economic policy institute，2010，271（2）.

[101] BOWLES S，GINTIS H. Walrasian economics in retrospect [J]. Quarterly journal of economics，2000（115）：1411-1439.

[102] BROWN L A，HORTON F E. Functional distance：An operational

approach [J]. Geographical analysis, 1970 (2): 76-83

[103] BRUECKNER J, ZENOU Y. Space and unemployment: the labor market effect of spatial mismatch [J]. Journal of labor economics, 2003, 21 (1): 242-266.

[104] BUTTON K. The good, the bad and the forgettable — or lessons the US can learn from European transport policy [J]. Journal of transport geography, 1998, 6 (4): 285-294.

[105] BUTTON K. Transport economics [M]. Cheltenham: Edward Elgar Publishing Ltd, 1993.

[106] CHARLES P K. World Economic Primacy (1500-1900) [M]. New York: Oxford University Press, 1990.

[107] CHOW G C. A model of Chinese national income in determination [J]. Journal of political economy, 1985, 93 (4): 782-792.

[108] CHRISTALLER W. Central Places in Southern Germany [M]. Englewood: Prentice Hall, 1966.

[109] COASE R H. The firm, the market, and the law [M]. Chicago: University of Chicago Press, 1988.

[110] COLANDER D. The making of an economist redux [J]. The journal of economic perspectives, 2005, 19 (1): 175-198.

[111] CUTLER D M, GLAESER E L. Are ghettos good or bad? [J]. Quarterly journal of economics, 1997, 112 (8): 827-872.

[112] DERTOUZOS M. The rich people's computers? [J]. Technology review, 1999 (1): 21-22.

[113] DICKEN P, LLOYD P. Location in space-theoretical perspectives in economic geography [M]. 3rd Edition. New York: Harper and Row Publisher, 1990.

[114] DUFFY-DENO K T, DALENBERG D R. The municipal wage and employment effects of public infrastructure [J]. Urban studies, 1993, 30 (9): 1577-1589.

[115] DURANTON G, TURNER W. Urban growth and transportation

[J]. Review of economic studies, 2012 (79): 1407-1440.

[116] ELLWOOD D T. The spatial mismatch hypothesis: are there teenage jobs missing in the ghetto? [M] //FREEMAN R B, HOLZER H J. The black youth employment crisis. Chicago: University of Chicago Press, 1986.

[117] ERTEKIN D O, BERECHEMAM J. Empirical analysis of relationship between accessibility and economic development [D]. U. S. Department of Transportation Federal Highway Administration, 2003.

[118] FAN J. Local linear regression smoothers and their minimax efficiencies [J]. Annals of statistics, 1993 (21): 196-216.

[119] FUJITA M, KRUGMAN P, VENABLES A - J. The Spatial Economy: Cities, Regions and International Trade [M]. Cambridge: MIT Press, 1999.

[120] GIVONI M, BANISTER D . Airline and railway integration [J]. Transport policy, 2006, 13 (5): 386-397.

[121] GOODY, JACK. The domestication of the savage mind [M]. Cambridge: Cambridge University Press, 1984.

[122] GRAVES P, CLAWSON M. Rural to urban migration: population distribution patterns [J]. A survey of agricultural economics literature, 1981 (3).

[123] HANSON S, PRATT G. Gender, work and space [M]. London and New York: Routledge, 1995.

[124] HANSEN W G. How accessibility shapes land use [J]. Journal of the American institute of planners, 1959, 25 (2): 73-76.

[125] HARCHAOUI T M , TARKHANI F, FAOUZI . Public capital and its contribution to the productivity performance of the Canadian business sector [J]. Research paper, 2003.

[126] HAYEK F. Individualism and Economic Order [M]. University of Chicago Press, 1988.

[127] HAYNES K E. Labor markets and regional transportation improvements: the case of high-speed trains An introduction and review [J].

The annals of regional science, 1997, 31 (1): 57-76.

[128] HENDRY D. F, ERICSSON N. R. An econometric analysis of UK money demand in monetary trends in the United States and the United Kingdom by Milton Friedman and Anna J. Schwartz [J]. American economic review, 1991, 81 (1): 8-38

[129] HOLZER H J. Informal job search and black youth unemployment [J]. American economic review, 1987, 77 (3): 446-452.

[130] HOROWITZ, KAREN J, PLANTING A. Concepts and methods of input-output accounts [M]. Washington, BC: Bureau of Economic Analysis, 2006.

[131] HOWARD W. Getting a good job: mobility in a segmented labor market [J]. Industrial relations, 1991, 30 (9): 396-416.

[132] JIWATTANAKULPAISARN, NOLAND, GRAHAM, et al. Highway infrastructure and state-level employment: a causal spatial analysis [J]. Paper in regional science, 2010, 88 (1): 133-159.

[133] KAMPS C. The dynamic effects of public capital: VAR evidence for 22 OECD countries [R]. Kiel Working Papers, 2004.

[134] KINDLEBERGER C P. Economic Laws and Economic History [J]. The economic history review, 1991, 44 (1).

[135] KRUGMAN P. Increasing returns, monopolistic competition, and international trade [J]. Journal of international economics, 1979 (9): 469-479.

[136] KRUGMAN P. Scale economics, product differentiation, and the pattern of trade [J]. American economic review, 1980, 70 (5): 950.

[137] KRUGMAN P. First nature, second nature, and metropolitan location [J]. Journal of regional science, 1991, 33 (3740): 129-144.

[138] KRUGMAN P. Urban concentration: the role of increasing returns and transport costs [J]. International regional science review, 1996, 19 (1-2): 5-30.

[139] LANDES D S. Revolution in time [M]. Cambridge: Belknap Press of Harvard, 1983.

[140] LEE R. The demographic transition: three centuries of fundamental

change [J]. The journal of economic perspectives, 2003, 17 (4): 167-190.

[141] LOSCH A. (1944). The economics of location [M]. New Haren: Yale University Press, 1954.

[142] MARSHALL A. Principles of economics [J]. Political science quarterly, 1961, 31 (77): 430-444.

[143] MCCALL J J. Economics of information and job search [J]. Quart journal of economic, 1970 (84): 113-126.

[144] MUTH R F. Migration: chicken or egg? [J]. Society economic journal, 1971 (37): 295-306.

[145] PADEIRO M. Transport infrastructures and employment growth in the Paris metropolitan margins [J]. Journal of transport geography, 2013 (31): 44-53.

[146] POLLIN R, GARRETTPETIER H. The U S employment effects of military and domestic spending priorities: an updated analysis [J]. Published studies, 2010, 39 (3): 443-460.

[147] PUTMAN S H. Integrated urban models: policy analysis of transportation and land use [M]. London and New York: Routledge, 1983.

[148] REES A, SCHULTZ G. Workers and wages in an urban labor market [M]. Chicago: University of Chicago Press, 1970.

[149] REGINALD R G, STIMSON R J. Analytical behavioral geography [M]. New York: Croom Gelm, 1987.

[150] REINERT E, S. How rich countries got rich and why poor countries stay poor [D]. Constable, 2008.

[151] ROBB M. The SRAFFA system and critique of the Neo-classical theory of distribution [J]. De economist, 1970 (118): 347-362.

[152] ROBINSON J. Economic philosophy [M]. Chicago: Aldine Publishing Company, 1962.

[153] ROSENSTEIN-RODAN P N. Problems of industrialisation of eastern and south-eastern Europe [J]. The economic journal, 1943.

[154] ROSTOW W W. The five stages of growth- a summary [M].

Cambridge: Cambridge University Press, 1960.

[155] SAMUELSON P A. Spatial price equilibrium and linear programming [J]. The American economic review, 1952, 42 (3): 283-303.

[156] SCHNORE L F. Urbanization and economic development: the demographic contribution [J]. American journal of economics and sociology, 2010, 23 (1): 37-37.

[157] STANBANK T M. The new suburbanization: Challenge to the central city [M]. Boulder: Westview Press, 1991.

[158] STOCK J, WATSON M. Introduction to econometrics [M]. New York: Pearson Education Inc., 2003.

[159] TODARO M P. Some thoughts on the transfer of technology from developed to less-developed nations [J]. Institute for Development Studies University of Nairobi, 1969.

[160] WALKER M. A capital or capabilities education narrative in a world of staggering inequalities? [J]. International journal of educational development, 2012, 32 (3): 384.

[161] WASMER E, ZENOU Y. Does city structure affect job search and welfare [J]. Journal of urban economics, 2002 (51): 515-541.

[162] Zenou Y, Smith T E. Efficiency wages, involuntary unemployment and urban spatial structure [J]. Regional science and urban economics, 1995, 25 (8): 547-573.

附　录

A 中国不同地区（未包括西藏）的政策优惠指数

地区	政策优惠类型	批准时间（年）	优惠政策指数 P
北京	2 政治经济文化中心 1 内地主要城市 1/2 经济技术开发区	1949 1992 1994	156
天津	1 沿海开放城市 2 经济技术开发区 1/3 沿海港口城市开发区	1984 1984 1992	84
河北	1 沿海开放城市 2 经济技术开发区 1/3 沿海开放带	1984 1984 1988	85. 33
山西	1 内地主要城市 1/3 中部崛起地区	1992 2006	19. 33
内蒙古	2 边界经济合作区 1 西部大开发	1992 2000	46
辽宁	1 沿海开放城市 2 经济技术开发区 1/2 经济技术开发区 1/3 沿海开放带	1984 1984 1992 1988	103. 33
吉林	2 边境经济合作区 1 内地重要城市 1/2 经济技术开发区	1992 1992 1993	59
黑龙江	2 边境经济合作区 1 内地重要城市 1/2 经济技术开发区	1992 1992 1993	59
上海	1 沿海开放城市 2 经济技术开发区 1/2 经济技术开发区 3 浦东新区	1984 1986 1988 1990	156

续表

地区	政策优惠类型	批准时间（年）	优惠政策指数 *P*
江苏	1 沿海开放城市 2 经济技术开发区 1/3 沿海港口城市开发区 1/3 长江沿岸主要开放城市	1984 1984 1992 1992	90
浙江	1 沿海开放城市 2 经济技术开发区 1/2 经济技术开发区 1/3 沿海港口城市开发区	1984 1984 1993 1992	101
安徽	1 长江沿岸主要开放城市 2 经济技术开发区 1/3 中部崛起地区	1992 1993 2006	56
福建	3 经济特区 1 沿海开放城市 2 经济技术开发区 1/3 沿海港口城市开发区	1980 1984 1985 1992	172
江西	1 长江沿岸主要开放城市 1/3 中部崛起地区	1992 2006	22
山东	1 沿海开放城市 2 经济技术开发区 1/3 沿海开发带 1/3 沿海港口城市开发区 1 经济技术开发区	1984 1984 1988 1992 1992	109. 33
河南	1 内地主要城市 1/3 中部崛起地区	1992 2006	19. 33
湖北	1 长江沿岸主要开放城市 2 经济技术开发区 1/3 中部崛起地区	1992 1993 2006	56
湖南	1 长江沿岸主要开放城市 1/3 中部崛起地区（2006）	1992 2006	22

续表

地区	政策优惠类型	批准时间（年）	优惠政策指数 *P*
广东	3 经济特区 1 沿海开放城市 2 经济技术开发区 1/3 沿海港口城市开发区	1979 1984 1984 1992	177
广西	1 沿海开放城市 1/3 沿海开放带 2 边境经济合作区 1/3 西部大开发	1984 1988 1992 2000	70.67
重庆	1 长江沿岸主要开放城市 2 经济技术开发区 1/3 西部大开发	1992 1993 2000	53.33
四川	1 长江沿岸主要开放城市 2 经济技术开发区 1/3 西部大开发	1992 1993 2000	53.33
贵州	1 内地主要城市 1/3 西部大开发	1992 2000	21.33
云南	2 边境经济合作区 1 西部大开发	1992 2000	46
陕西	1 内地主要城市 1/3 西部大开发	1992 2000	21.33
甘肃	1 内地主要城市 1/3 西部大开发	1992 2000	21.33
青海	1 内地主要城市 1/3 西部大开发	1992 2000	21.33
新疆	2 边境经济合作区 1/2 经济技术开发区 1 西部大开发	1992 1994 2000	62

B 实证模型的分类回归结果

表 B-1 非农就业的回归结果（1）

非农就业	男性		女性		年龄<=40 小于 40		年龄>40 大于 40	
	OLS 回归	IV 回归	OLS 回归	IV 回归	OLS 回归	IV 回归	OLS 回归	IV 回归
交通基础设施	0.020 3***	0.297***	0.020 8***	0.638***	0.023 0***	0.710***	0.017 4***	0.237***
	(5.24)	(4.16)	(5.23)	(3.71)	(5.89)	(3.52)	(4.36)	(4.12)
男性		0		0	0.228***	0.429***	0.268***	0.317***
	(.)		(.)	(13.26)	(5.28)	(12.35)	(9.53)	
年龄	0.049 6	0.037 5	0.074 4*	0.152	0.070 3	0.053 2	0.135	0.417*
	(1.13)	(0.54)	(2.50)	(1.62)	(1.59)	(0.37)	(1.04)	(2.11)
年龄平方	-0.000 599	-0.000 542	-0.000 889**	-0.001 79	-0.000 841	-0.000 684	-0.001 36	-0.003 90*
	(-1.43)	(-0.82)	(-2.88)	(-1.82)	(-1.70)	(-0.42)	(-1.16)	(-2.18)
教育年限	0.015 2***	0.000 807	0.009 98***	-0.040 3**	0.013 7***	-0.045 5*	0.011 2***	0.000 190
	(6.23)	(0.15)	(4.71)	(-2.61)	(5.88)	(-2.40)	(5.01)	(0.04)
城市户口	0.112***	0.338**	0.147***	1.000**	0.130***	1.100**	0.119***	0.234*
	(4.78)	(2.78)	(5.68)	(3.04)	(5.38)	(2.98)	(4.73)	(2.37)
自评健康	0.189***	0.011 3	0.151***	-0.296	0.176***	-0.278	0.168***	0.020 7
	(6.05)	(0.17)	(4.62)	(-1.85)	(5.52)	(-1.65)	(5.21)	(0.35)

续表

非农就业	男性		女性		年龄<=40 小于 40		年龄>40 大于 40	
	OLS 回归	IV 回归	OLS 回归	IV 回归	OLS 回归	IV 回归	OLS 回归	IV 回归
已婚		0	−0.071 1	−0.178	−0.079 8	−0.045 9	−0.063 3	−0.166
		(.)	(−1.73)	(−1.37)	(−1.43)	(−0.25)	(−0.95)	(−1.70)
家庭财富对数	0.036 0***	0.031 4***	0.023 0***	0.014 1	0.030 6***	0.061 8***	0.029 3***	0.012 1
	(7.81)	(4.26)	(5.02)	(0.98)	(6.58)	(3.49)	(6.37)	(1.54)
社区经济状况	0.022 5***	0.187***	0.018 6**	0.413***	0.027 0***	0.490**	0.013 6*	0.142***
	(3.34)	(3.41)	(2.77)	(3.39)	(4.03)	(3.20)	(1.99)	(3.41)
_cons	−1.246	−1.635	−1.624*	−5.032*	−1.721	−3.815	−3.673	−11.95*
	(−1.09)	(−0.90)	(−2.26)	(−2.10)	(−1.74)	(−1.16)	(−1.03)	(−2.17)
样本数量	3 397	3 397	2 883	2 883	3 236	3 236	3 044	3 044

注：①括号内的数字为稳健标准误。

② * 表示 $p<0.05$，即在 10%的水平上显著； ** 表示 $p<0.01$，即在 5%的水平上显著； *** 表示 $p<0.001$，即在 1%的水平上显著。

数据来源：2016 年全国劳动力动态调查（CLDS）微观数据。

表 B-2　非农就业的回归结果（2）

非农就业	城镇		农村		东中部		西部	
	OLS 回归	IV 回归	OLS 回归	IV 回归	OLS 回归	IV 回归	OLS 回归	IV 回归
交通基础设施	0. 023 5***	0. 302***	0. 013 3***	−0. 337***	0. 020 1***	0. 444***	0. 010 3*	1. 783
	(5. 69)	(3. 77)	(3. 46)	(−3. 40)	(5. 45)	(5. 10)	(2. 43)	(0. 41)
男性	0. 248***	0. 314***	0. 244***	0. 161***	0. 267***	0. 353***	0. 208***	0. 742
	(12. 19)	(8. 13)	(13. 83)	(4. 05)	(16. 46)	(9. 56)	(8. 96)	(0. 56)
年龄	0. 069 3*	0. 151*	0. 033 7	0. 085 8	0. 058 0*	0. 061 8	−0. 003 74	0. 185
	(2. 12)	(2. 56)	(1. 36)	(1. 81)	(2. 46)	(1. 31)	(−0. 10)	(0. 32)
年龄平方	−0. 000 848**	−0. 001 74**	−0. 000 418	−0. 000 899	−0. 000 702**	−0. 000 819	−0. 000 086 9	−0. 002 13
	(−2. 64)	(−2. 95)	(−1. 72)	(−1. 95)	(−3. 04)	(−1. 77)	(−0. 24)	(−0. 35)
教育年限	0. 012 6***	−0. 009 37	0. 012 2***	0. 031 0***	0. 011 8***	−0. 004 76	0. 012 3***	−0. 163
	(4. 99)	(−1. 24)	(5. 92)	(4. 78)	(6. 10)	(−0. 92)	(4. 42)	(−0. 38)
城市户口	0. 057 3**	−0. 378**	0. 115*	−0. 031 6	0. 102***	−0. 630***	0. 227***	−2. 925
	(2. 67)	(−2. 92)	(2. 23)	(−0. 31)	(4. 90)	(−4. 05)	(7. 14)	(−0. 38)
自评健康	0. 180***	−0. 000 460	0. 162***	0. 416***	0. 177***	−0. 095 8	0. 107**	−0. 600
	(5. 10)	(−0. 01)	(5. 53)	(4. 66)	(6. 55)	(−1. 23)	(2. 59)	(−0. 34)
已婚	−0. 066 7	0. 026 5	−0. 056 2	0. 217	−0. 107	0. 008 08	−0. 0419	−1. 230
	(−1. 09)	(0. 25)	(−0. 95)	(1. 64)	(−1. 95)	(0. 07)	(−0. 64)	(−0. 41)
家庭财富对数	0. 019 2***	0. 012 4	0. 033 7***	0. 028 2***	0. 034 0***	0. 018 1*	0. 015 4**	0. 101
	(4. 00)	(1. 52)	(7. 51)	(3. 40)	(8. 42)	(2. 07)	(2. 84)	(0. 47)

续表

非农就业	城镇		农村		东中部		西部	
	OLS 回归	IV 回归	OLS 回归	IV 回归	OLS 回归	IV 回归	OLS 回归	IV 回归
社区经济状况	0.022 1**	−0.158**	0.008 17	0.255***	0.010 1	−0.242***	0.037 1***	−1.555
	(2.83)	(−2.97)	(1.31)	(3.61)	(1.71)	(−4.57)	(4.64)	(−0.40)
_cons	−1.429	−4.463**	−0.955	−1.469	−1.369*	−3.081*	0.208	−7.341
	(−1.71)	(−2.73)	(−1.50)	(−1.26)	(−2.27)	(−2.45)	(0.22)	(−0.36)
样本数量	2 626	2 626	3 654	3 654	4 392	4 392	1 888	1 888

注：①括号内的数字为稳健标准误。

②* 表示 $p < 0.05$，即在10%的水平上显著；** 表示 $p < 0.01$，即在5%的水平上显著；*** 表示 $p < 0.001$，即在1%的水平上显著。

数据来源：2016年全国劳动力动态调查（CLDS）微观数据。

表 B-3 雇佣劳动的回归结果（1）

雇佣劳动	男性		女性		年龄<=40 小于 40		年龄>40 大于 40	
	OLS 回归	IV 回归	OLS 回归	IV 回归	OLS 回归	IV 回归	OLS 回归	IV 回归
交通基础设施	0. 015 9 ***	0. 163 **	0. 018 5 ***	0. 532 ***	0. 018 4 ***	0. 469 ***	0. 015 0 ***	0. 197 ***
	(4. 07)	(3. 01)	(5. 27)	(3. 69)	(4. 85)	(3. 36)	(4. 01)	(3. 87)
男性		0		0	0. 160 ***	0. 291 ***	0. 205 ***	0. 245 ***
	(.)		(.)	(9. 56)	(5. 19)	(10. 02)	(8. 31)	
年龄	0. 042 1	0. 035 7	0. 046 4	0. 111	0. 035 9	0. 024 7	0. 053 3	0. 287
	(0. 95)	(0. 68)	(1. 77)	(1. 42)	(0. 84)	(0. 25)	(0. 44)	(1. 64)
年龄平方	-0. 000 461	-0. 000 431	-0. 000 556 *	-0. 001 30	-0. 000 421	-0. 000 318	-0. 000 578	-0. 002 68
	(-1. 09)	(-0. 86)	(-2. 04)	(-1. 59)	(-0. 88)	(-0. 29)	(-0. 52)	(-1. 70)
教育年限	0. 015 0 ***	0. 007 30	0. 009 15 ***	-0. 032 7 *	0. 012 6 ***	-0. 026 2 *	0. 010 7 ***	0. 001 58
	(6. 07)	(1. 80)	(4. 89)	(-2. 53)	(5. 54)	(-2. 00)	(5. 09)	(0. 42)
城市户口	0. 111 ***	-0. 128	0. 128 ***	-0. 826 **	0. 144 ***	-0. 663 **	0. 089 5 ***	-0. 203 *
	(4. 68)	(-1. 39)	(5. 58)	(-3. 00)	(6. 13)	(-2. 60)	(3. 78)	(-2. 32)
自评健康	0. 126 ***	0. 031 2	0. 107 ***	-0. 265 *	0. 106 ***	-0. 191	0. 127 ***	0. 005 06
	(3. 99)	(0. 61)	(3. 68)	(-1. 98)	(3. 44)	(-1. 64)	(4. 19)	(0. 10)
已婚		0	-0. 057 0	-0. 146	-0. 048 6	-0. 026 4	-0. 065 6	-0. 151
		(.)	(-1. 57)	(-1. 34)	(-0. 90)	(-0. 21)	(-1. 05)	(-1. 74)
家庭财富对数	0. 013 0 **	0. 010 5	0. 008 21 *	0. 000 776	0. 011 7 **	0. 032 1 **	0. 010 3 *	-0. 003 86
	(2. 79)	(1. 88)	(2. 03)	(0. 06)	(2. 59)	(2. 62)	(2. 39)	(-0. 55)

续表

雇佣劳动	男性		女性		年龄<=40 小于 40		年龄>40 大于 40	
	OLS 回归	IV 回归	OLS 回归	IV 回归	OLS 回归	IV 回归	OLS 回归	IV 回归
社区经济状况	0.015 1 *	−0.096 3 *	0.011 7 *	−0.347 ***	0.017 3 **	−0.322 **	0.008 81	−0.120 **
	(2.23)	(−2.31)	(1.96)	(−3.40)	(2.66)	(−3.04)	(1.37)	(−3.25)
_cons	−0.983	−1.190	−0.947	−3.781	−0.841	−2.213	−1.297	−8.152
	(−0.85)	(−0.87)	(−1.50)	(−1.88)	(−0.87)	(−0.97)	(−0.39)	(−1.67)
样本数量	3 397	3 397	2 883	2 883	3 236	3 236	3 044	3 044

注：①括号内的数字为稳健标准误。

②* 表示 $p < 0.05$，即在 10%的水平上显著；** 表示 $p < 0.01$，即在 5%的水平上显著；*** 表示 $p < 0.001$，即在 1%的水平上显著。

数据来源：2016 年全国劳动力动态调查（CLDS）微观数据。

表 B-4　雇佣劳动的回归结果（2）

雇佣劳动	城镇		农村		东中部		西部	
	OLS 回归	IV 回归	OLS 回归	IV 回归	OLS 回归	IV 回归	OLS 回归	IV 回归
交通基础设施	0.023 1***	0.358***	0.009 60**	−0.209**	0.016 6***	0.363***	0.008 28*	0.046 4
	(5.53)	(3.94)	(2.72)	(−2.90)	(4.57)	(4.84)	(2.20)	(0.11)
男性	0.161***	0.241***	0.191***	0.139***	0.184***	0.255***	0.171***	0.182
	(7.85)	(5.49)	(11.73)	(4.79)	(11.58)	(8.02)	(8.25)	(1.46)
年龄	0.043 7	0.142*	0.024 6	0.057 1	0.042 3	0.045 4	−0.014 8	−0.010 8
	(1.32)	(2.12)	(1.08)	(1.66)	(1.83)	(1.12)	(−0.46)	(−0.20)
年龄平方	−0.000 507	−0.001 58*	−0.000 299	−0.000 600	−0.000 486*	−0.000 582	0.000 073 6	0.000 029 7
	(−1.56)	(−2.36)	(−1.34)	(−1.78)	(−2.14)	(−1.46)	(0.23)	(0.05)
教育年限	0.015 9***	−0.010 6	0.008 76***	0.020 5***	0.010 2***	−0.003 30	0.013 8***	0.010 1
	(6.21)	(−1.23)	(4.64)	(4.35)	(5.38)	(−0.74)	(5.56)	(0.25)
城市户口	0.058 5**	−0.465**	0.158***	0.066 6	0.113***	−0.485***	0.165***	0.097 5
	(2.69)	(−3.16)	(3.33)	(0.89)	(5.53)	(−3.62)	(5.83)	(0.13)
自评健康	0.125***	−0.091 0	0.109***	0.267***	0.128***	−0.094 9	0.040 6	0.025 4
	(3.52)	(−1.03)	(4.03)	(4.12)	(4.81)	(−1.42)	(1.10)	(0.15)
已婚	−0.018 2	0.093 7	−0.076 0	0.094 6	−0.070 9	0.023 2	−0.058 4	−0.083 9
	(−0.29)	(0.79)	(−1.40)	(0.99)	(−1.32)	(0.24)	(−1.00)	(−0.30)
家庭财富对数	0.006 40	−0.001 69	0.011 3**	0.007 83	0.013 2***	0.000 169	0.000 759	0.002 61
	(1.32)	(−0.18)	(2.73)	(1.30)	(3.32)	(0.02)	(0.16)	(0.13)

续表

雇佣劳动	城镇		农村		东中部		西部	
	OLS 回归	IV 回归	OLS 回归	IV 回归	OLS 回归	IV 回归	OLS 回归	IV 回归
社区经济状况	0. 020 2*	-0. 197**	0. 005 49	0. 160**	0. 004 63	-0. 201***	0. 027 6***	-0. 006 63
	(2. 55)	(-3. 25)	(0. 96)	(3. 11)	(0. 80)	(-4. 42)	(3. 88)	(-0. 02)
_cons	-1. 000	-4. 647*	-0. 517	-0. 838	-0. 910	-2. 309*	0. 511	0. 349
	(-1. 19)	(-2. 51)	(-0. 88)	(-0. 99)	(-1. 54)	(-2. 13)	(0. 62)	(0. 18)
样本数量	2 626	2 626	3 654	3 654	4 392	4 392	1 888	1 888

注：①括号内的数字为稳健标准误。

②* 表示 $p < 0.05$，即在 10%的水平上显著；** 表示 $p < 0.01$，即在 5%的水平上显著；*** 表示 $p < 0.001$，即在 1%的水平上显著。

数据来源：2016 年全国劳动力动态调查（CLDS）微观数据。

表 B-5 个体或私营劳动的回归结果（1）

个体或私营	男性		女性		年龄<=40 小于 40		年龄>40 大于 40	
	OLS 回归	IV 回归	OLS 回归	IV 回归	OLS 回归	IV 回归	OLS 回归	IV 回归
交通基础设施	0.006 41 * （2.27）	0.117 ** （2.97）	0.003 13 （1.26）	0.102 * （2.34）	0.005 10 （1.82）	0.195 ** （2.81）	0.004 74 （1.84）	0.053 0 （1.91）
男性	（.）	0	（.）	0 （6.06）	0.075 1 *** （4.68）	0.130 *** （4.40）	0.061 7 *** （4.51）	0.072 4 ***
年龄	−0.000 557 （−0.02）	−0.005 41 （−0.14）	0.025 4 （1.37）	0.037 9 （1.59）	0.026 5 （0.83）	0.021 8 （0.44）	0.066 6 （0.80）	0.128 （1.35）
年龄平方 （−0.22）	−0.000 067 0 （−0.12）	−0.000 044 3 （−1.51）	−0.000 290 （−1.75）	−0.000 434 （−0.91）	−0.000 325 （−0.51）	−0.000 282 （−0.86）	−0.000 648 （−1.40）	−0.001 21
教育年限	0.000 491 （0.28）	−0.005 30 （−1.78）	0.000 507 （0.38）	−0.007 54 （−1.93）	0.001 25 （0.75）	−0.015 1 * （−2.32）	0.000 128 （0.09）	−0.002 28 （−1.11）
城市户口	−0.001 33 （−0.08）	−0.182 ** （−2.70）	0.031 3 （1.93）	−0.152 （−1.83）	−0.003 49 （−0.20）	−0.343 ** （−2.71）	0.025 0 （1.54）	−0.052 3 （−1.10）
自评健康	0.071 0 ** （3.13）	−0.000 397 （−0.01）	0.023 4 （1.14）	−0.048 2 （−1.19）	0.054 2 * （2.36）	−0.070 9 （−1.23）	0.047 6 * （2.28）	0.015 3 （0.53）
已婚		0 （.）	0.006 23 （0.24）	−0.010 8 （−0.33）	0.015 4 （0.38）	0.024 7 （0.40）	−0.018 5 （−0.43）	−0.041 0 （−0.87）
家庭财富对数	0.021 2 *** （6.33）	0.019 4 *** （4.72）	0.011 9 *** （4.16）	0.010 5 ** （2.89）	0.017 1 *** （5.09）	0.025 7 *** （4.23）	0.016 1 *** （5.41）	0.012 3 ** （3.23）

续表

个体或私营	男性		女性		年龄<=40 小于 40		年龄>40 大于 40	
	OLS 回归	IV 回归	OLS 回归	IV 回归	OLS 回归	IV 回归	OLS 回归	IV 回归
社区经济状况	0.002 67	-0.081 6**	0.005 47	-0.063 6*	0.009 67*	-0.133 *	-0.001 89	-0.035 9
	(0.55)	(-2.67)	(1.30)	(-2.06)	(2.01)	(-2.53)	(-0.43)	(-1.79)
_cons	-0.052 1	-0.208	-0.659	-1.204*	-0.776	-1.354	-1.901	-3.714
	(-0.06)	(-0.21)	(-1.47)	(-1.98)	(-1.09)	(-1.20)	(-0.82)	(-1.40)
样本数量	3 397	3 397	2 883	2 883	3 236	3 236	3 044	3 044

注：①括号内的数字为稳健标准误。

②* 表示 $p < 0.05$，即在 10%的水平上显著；** 表示 $p < 0.01$，即在 5%的水平上显著；*** 表示 $p < 0.001$，即在 1%的水平上显著。

数据来源：2016 年全国劳动力动态调查（CLDS）微观数据。

表 B-6　个体或私营劳动的回归结果（2）

个体或私营	城镇		农村		东中部		西部	
	OLS 回归	IV 回归	OLS 回归	IV 回归	OLS 回归	IV 回归	OLS 回归	IV 回归
交通基础设施	0.000 507 (0.16)	−0.033 9 (−0.87)	0.006 12** (2.66)	−0.098 2* (−2.40)	0.005 64* (2.18)	0.080 9* (2.43)	0.002 37 (0.85)	1.353 (0.41)
男性	0.090 2*** (5.63)	0.082 0*** (4.37)	0.055 3*** (5.22)	0.030 5 (1.85)	0.083 8*** (7.38)	0.099 2*** (7.01)	0.041 7** (2.74)	0.448 (0.44)
年龄	0.014 4 (0.56)	0.004 28 (0.15)	0.027 2 (1.82)	0.042 7* (2.18)	0.023 6 (1.43)	0.024 3 (1.35)	0.017 2 (0.72)	0.161 (0.36)
年龄平方	−0.000 232 (−0.92)	−0.000 122 (−0.43)	−0.000 295* (−2.02)	−0.000 439* (−2.29)	−0.000 295 (−1.82)	−0.000 316 (−1.78)	−0.000 216 (−0.92)	−0.001 77 (−0.38)
教育年限	−0.003 79 (−1.90)	−0.001 07 (−0.29)	0.003 68** (2.99)	0.009 30*** (3.46)	0.001 32 (0.97)	−0.001 62 (−0.82)	−0.001 32 (−0.72)	−0.135 (−0.41)
城市户口	0.015 0 (0.88)	0.068 8 (1.09)	−0.083 9** (−2.71)	−0.128** (−3.01)	−0.005 35 (−0.37)	−0.135* (−2.27)	0.053 8** (2.58)	−2.348 (−0.40)
自评健康	0.042 5 (1.53)	0.064 7 (1.71)	0.055 3** (3.14)	0.131*** (3.55)	0.040 7* (2.15)	−0.007 66 (−0.26)	0.071 1** (2.63)	−0.468 (−0.35)
已婚	−0.008 93 (−0.19)	−0.020 4 (−0.40)	0.014 3 (0.40)	0.095 6 (1.75)	−0.018 1 (−0.47)	0.002 40 (0.06)	0.032 6 (0.76)	−0.872 (−0.38)
家庭财富对数	0.012 4** (3.28)	0.013 2*** (3.33)	0.018 5*** (6.87)	0.016 9*** (4.92)	0.018 4*** (6.47)	0.015 5*** (4.65)	0.012 3*** (3.47)	0.077 9 (0.47)

续表

个体或私营	城镇		农村		东中部		西部	
	OLS 回归	IV 回归	OLS 回归	IV 回归	OLS 回归	IV 回归	OLS 回归	IV 回归
社区经济状况	0.003 84	0.026 2	−0.002 80	0.070 8*	0.001 82	−0.043 0*	0.007 16	−1.206
	(0.62)	(1.01)	(−0.75)	(2.42)	(0.44)	(−2.12)	(1.37)	(−0.41)
_cons	−0.220	0.155	−0.879*	−1.032*	−0.671	−0.975*	−0.497	−6.249
	(−0.33)	(0.20)	(−2.31)	(−2.15)	(−1.59)	(−2.03)	(−0.81)	(−0.40)
样本数量	2 626	2 626	3 654	3 654	4 392	4 392	1 888	1 888

注：①括号内的数字为稳健标准误。

②* 表示 $p < 0.05$，即在 10%的水平上显著；** 表示 $p < 0.01$，即在 5%的水平上显著；*** 表示 $p < 0.001$，即在 1%的水平上显著。

数据来源：2016 年全国劳动力动态调查（CLDS）微观数据。

表 B-7　家庭经营的回归结果（1）

家庭经营	男性		女性		年龄<=40 小于 40		年龄>40 大于 40	
	OLS 回归	IV 回归	OLS 回归	IV 回归	OLS 回归	IV 回归	OLS 回归	IV 回归
交通基础设施	-0.002 30*	-0.005 19	-0.000 649	-0.006 11	-0.000 652	0.014 8	-0.002 48*	-0.019 4
	(-2.16)	(-0.42)	(-0.45)	(-0.30)	(-0.50)	(0.70)	(-2.11)	(-1.57)
男性		0		0	-0.014 2*	-0.009 64	0.000 911	-0.002 84
	(.)		(.)	(-2.47)	(-1.14)	(0.14)	(-0.40)	
年龄	-0.002 94	-0.002 81	0.004 27	0.003 58	0.011 1	0.010 8	0.001 30	-0.020 4
	(-0.24)	(-0.23)	(0.40)	(0.32)	(0.76)	(0.72)	(0.03)	(-0.48)
年龄平方	0.000 034 6	0.000 034 0	-0.000 067 6	-0.000 059 7	-0.000 139	-0.000 135	-0.000 001 72	0.000 194
	(0.30)	(0.30)	(-0.60)	(-0.51)	(-0.84)	(-0.81)	(-0.00)	(0.50)
教育年限	-0.000 914	-0.000 763	-0.000 321	0.000 124	-0.000 598	-0.001 93	-0.000 368	0.000 480
	(-1.36)	(-0.82)	(-0.42)	(0.07)	(-0.77)	(-0.98)	(-0.56)	(0.52)
城市户口	-0.006 20	-0.001 48	-0.013 7	-0.003 52	-0.012 9	-0.040 6	-0.006 17	0.021 0
	(-0.96)	(-0.07)	(-1.45)	(-0.09)	(-1.61)	(-1.06)	(-0.83)	(0.99)
自评健康	-0.007 24	-0.005 38	0.021 6	0.025 5	0.009 34	-0.000 866	0.000 871	0.012 2
	(-0.85)	(-0.46)	(1.81)	(1.34)	(0.88)	(-0.05)	(0.09)	(0.95)
已婚		0	-0.014 9	-0.014 0	-0.033 8	-0.033 0	0.016 0	0.024 0
		(.)	(-1.00)	(-0.91)	(-1.82)	(-1.74)	(0.82)	(1.14)
家庭财富对数	0.001 22	0.001 26	0.002 02	0.002 10	0.000 939	0.001 64	0.002 23	0.003 55*
	(0.96)	(0.99)	(1.21)	(1.24)	(0.61)	(0.89)	(1.64)	(2.09)

续表

家庭经营	男性		女性		年龄<=40 小于 40		年龄>40 大于 40	
	OLS 回归	IV 回归	OLS 回归	IV 回归	OLS 回归	IV 回归	OLS 回归	IV 回归
社区经济状况	0.003 25	0.005 45	0.004 44	0.008 26	0.001 10	−0.010 5	0.006 81 ***	0.018 8 *
	(1.76)	(0.57)	(1.82)	(0.57)	(0.50)	(−0.66)	(3.38)	(2.10)
_cons	0.088 1	0.092 2	−0.044 4	−0.014 3	−0.150	−0.198	−0.093 0	0.545
	(0.28)	(0.29)	(−0.17)	(−0.05)	(−0.46)	(−0.58)	(−0.09)	(0.46)
样本数量	3 397	3 397	2 883	2 883	3 236	3 236	3 044	3 044

注：①括号内的数字为稳健标准误。

②*表示 $p < 0.05$，即在 10%的水平上显著；**表示 $p < 0.01$，即在 5%的水平上显著；***表示 $p < 0.001$，即在 1%的水平上显著。

数据来源：2016 年全国劳动力动态调查（CLDS）微观数据。

表 B-8　家庭经营的回归结果（2）

家庭经营	城镇		农村		东中部		西部	
	OLS 回归	IV 回归	OLS 回归	IV 回归	OLS 回归	IV 回归	OLS 回归	IV 回归
交通基础设施	0.000 362	-0.041 2*	-0.003 05*	-0.037 5	-0.002 26*	-0.014 5	-0.000 285	0.212
	(0.28)	(-2.34)	(-2.45)	(-1.93)	(-2.01)	(-1.08)	(-0.19)	(0.39)
男性	-0.012 9*	-0.022 7**	-0.002 83	-0.011 0	-0.006 60	-0.009 10	-0.008 39	0.055 4
	(-2.06)	(-2.67)	(-0.49)	(-1.41)	(-1.34)	(-1.60)	(-1.03)	(0.34)
年龄	-0.002 83	-0.015 1	-0.016 9*	-0.011 8	-0.010 8	-0.010 9	-0.015 2	0.007 29
	(-0.28)	(-1.16)	(-2.10)	(-1.26)	(-1.51)	(-1.50)	(-1.19)	(0.10)
年龄平方	0.000 027 4	0.000 160	0.000 162*	0.000 115	0.000 104	0.000 108	0.000 145	-0.000 098 3
	(0.28)	(1.23)	(2.05)	(1.26)	(1.48)	(1.51)	(1.16)	(-0.13)
教育年限	-0.000 247	0.003 04	-0.000 641	0.001 22	-0.000 076 4	0.000 400	-0.001 27	-0.022 3
	(-0.32)	(1.82)	(-0.96)	(0.95)	(-0.13)	(0.51)	(-1.30)	(-0.41)
城市户口	-0.014 6*	0.050 4	0.005 63	-0.008 82	-0.011 5	0.009 54	0.000 565	-0.376
	(-2.21)	(1.76)	(0.34)	(-0.44)	(-1.83)	(0.40)	(0.05)	(-0.39)
自评健康	0.009 07	0.035 9*	0.001 84	0.026 8	0.010 9	0.018 7	-0.008 18	-0.092 7
	(0.84)	(2.09)	(0.19)	(1.53)	(1.32)	(1.57)	(-0.56)	(-0.42)
已婚	-0.028 1	-0.042 0	0.006 31	0.033 2	-0.022 9	-0.026 2	0.006 10	-0.136
	(-1.49)	(-1.82)	(0.33)	(1.28)	(-1.37)	(-1.51)	(0.27)	(-0.37)
家庭财富对数	0.000 868	0.001 87	0.002 19	0.001 64	0.001 80	0.002 26	0.001 35	0.011 6
	(0.59)	(1.04)	(1.50)	(1.01)	(1.47)	(1.69)	(0.71)	(0.43)

续表

家庭经营	城镇		农村		东中部		西部	
	OLS 回归	IV 回归	OLS 回归	IV 回归	OLS 回归	IV 回归	OLS 回归	IV 回归
社区经济状况	0.001 75	0.028 7*	0.005 39**	0.029 7*	0.004 00*	0.011 3	0.003 59	−0.187
	(0.73)	(2.44)	(2.68)	(2.14)	(2.23)	(1.38)	(1.28)	(−0.38)
_cons	0.114	0.566	0.444*	0.393	0.306	0.355	0.412	−0.490
	(0.44)	(1.57)	(2.15)	(1.72)	(1.67)	(1.84)	(1.26)	(−0.19)
样本数量	2 626	2 626	3 654	3 654	4 392	4 392	1 888	1 888

注：①括号内的数字为稳健标准误。

②* 表示 $p < 0.05$，即在 10%的水平上显著；** 表示 $p < 0.01$，即在 5%的水平上显著；*** 表示 $p < 0.001$，即在 1%的水平上显著。

数据来源：2016 年全国劳动力动态调查（CLDS）微观数据。

表 B-9 农业生产经营的回归结果（1）

农业生产经营	男性		女性		年龄<=40 小于 40		年龄>40 大于 40	
	OLS 回归	IV 回归	OLS 回归	IV 回归	OLS 回归	IV 回归	OLS 回归	IV 回归
交通基础设施	-0.002 30*	-0.005 19	-0.000 649	-0.006 11	-0.000 652	0.014 8	-0.002 48*	-0.019 4
	(-2.16)	(-0.42)	(-0.45)	(-0.30)	(-0.50)	(0.70)	(-2.11)	(-1.57)
男性		0		0	-0.014 2*	-0.009 64	0.000 911	-0.002 84
	(.)		(.)	(-2.47)	(-1.14)	(0.14)	(-0.40)	
年龄	-0.002 94	-0.002 81	0.004 27	0.003 58	0.011 1	0.010 8	0.001 30	-0.020 4
	(-0.24)	(-0.23)	(0.40)	(0.32)	(0.76)	(0.72)	(0.03)	(-0.48)
年龄平方	0.000 034 6	0.000 034 0	-0.000 067 6	-0.000 059 7	-0.000 139	-0.000 135	-0.000 001 72	0.000 194
	(0.30)	(0.30)	(-0.60)	(-0.51)	(-0.84)	(-0.81)	(-0.00)	(0.50)
教育年限	-0.000 914	-0.000 763	-0.000 321	0.000 124	-0.000 598	-0.001 93	-0.000 368	0.000 480
	(-1.36)	(-0.82)	(-0.42)	(0.07)	(-0.77)	(-0.98)	(-0.56)	(0.52)
城市户口	-0.006 20	-0.001 48	-0.013 7	-0.003 52	-0.012 9	-0.040 6	-0.006 17	0.021 0
	(-0.96)	(-0.07)	(-1.45)	(-0.09)	(-1.61)	(-1.06)	(-0.83)	(0.99)
自评健康	-0.007 24	-0.005 38	0.021 6	0.025 5	0.009 34	-0.000 866	0.000 871	0.012 2
	(-0.85)	(-0.46)	(1.81)	(1.34)	(0.88)	(-0.05)	(0.09)	(0.95)
已婚		0	-0.014 9	-0.014 0	-0.033 8	-0.033 0	0.016 0	0.024 0
		(.)	(-1.00)	(-0.91)	(-1.82)	(-1.74)	(0.82)	(1.14)
家庭财富对数	0.001 22	0.001 26	0.002 02	0.002 10	0.000 939	0.001 64	0.002 23	0.003 55*
	(0.96)	(0.99)	(1.21)	(1.24)	(0.61)	(0.89)	(1.64)	(2.09)

续表

农业生产经营	男性		女性		年龄<=40 小于 40		年龄>40 大于 40	
	OLS 回归	IV 回归	OLS 回归	IV 回归	OLS 回归	IV 回归	OLS 回归	IV 回归
社区经济状况	0. 003 25	0. 005 45	0. 004 44	0. 008 26	0. 001 10	−0. 010 5	0. 006 81 ***	0. 018 8 *
	(1. 76)	(0. 57)	(1. 82)	(0. 57)	(0. 50)	(−0. 66)	(3. 38)	(2. 10)
_cons	0. 088 1	0. 092 2	−0. 044 4	−0. 014 3	−0. 150	−0. 198	−0. 093 0	0. 545
	(0. 28)	(0. 29)	(−0. 17)	(−0. 05)	(−0. 46)	(−0. 58)	(−0. 09)	(0. 46)
样本数量	3 397	3 397	2 883	2 883	3 236	3 236	3 044	3 044

注：①括号内的数字为稳健标准误。

②*表示 $p < 0.05$，即在 10%的水平上显著；**表示 $p < 0.01$，即在 5%的水平上显著；***表示 $p < 0.001$，即在 1%的水平上显著。

数据来源：2016 年全国劳动力动态调查（CLDS）微观数据。

表 B-10 农业生产经营的回归结果（2）

农业生产经营	城镇		农村		东中部		西部	
	OLS 回归	IV 回归	OLS 回归	IV 回归	OLS 回归	IV 回归	OLS 回归	IV 回归
交通基础设施	-0.042 4***	-0.337***	-0.015 1***	0.353***	-0.044 0***	-0.648***	-0.018 7***	-4.585
	(-11.10)	(-4.16)	(-4.43)	(3.55)	(-12.73)	(-5.64)	(-4.84)	(-0.41)
男性	0.025 4	-0.044 5	0.006 14	0.093 5*	0.029 1	-0.094 5	0.005 74	-1.369
	(1.35)	(-1.14)	(0.39)	(2.35)	(1.93)	(-1.94)	(0.27)	(-0.40)
年龄	0.005 19	-0.081 6	0.018 5	-0.036 2	0.039 4	0.033 9	-0.001 73	-0.487
	(0.17)	(-1.36)	(0.84)	(-0.76)	(1.79)	(0.54)	(-0.05)	(-0.33)
年龄平方	-0.000 014 8	0.000 929	-0.000 158	0.000 346	-0.000 337	-0.000 171	0.000 019 4	0.005 27
	(-0.05)	(1.56)	(-0.73)	(0.75)	(-1.56)	(-0.28)	(0.06)	(0.34)
教育年限	-0.012 9***	0.010 3	-0.000 766	-0.020 6**	-0.007 93***	0.015 7*	-0.004 08	0.449
	(-5.52)	(1.35)	(-0.42)	(-3.15)	(-4.38)	(2.30)	(-1.60)	(0.40)
城市户口	-0.273***	0.188	-0.182***	-0.028 0	-0.352***	0.689***	-0.563***	7.557
	(-13.70)	(1.43)	(-3.97)	(-0.27)	(-18.16)	(3.36)	(-19.42)	(0.38)
自评健康	0.041 1	0.232**	0.058 9*	-0.207*	0.052 2*	0.440***	0.086 1*	1.908
	(1.26)	(2.94)	(2.26)	(-2.32)	(2.07)	(4.30)	(2.29)	(0.42)
已婚	0.098 5	-0.000 080 2	-0.073 7	-0.360**	0.077 7	-0.086 5	-0.030 4	3.030
	(1.74)	(-0.00)	(-1.40)	(-2.72)	(1.51)	(-0.58)	(-0.51)	(0.40)
家庭财富对数	-0.015 2***	-0.008 13	-0.032 9***	-0.027 1**	-0.032 9***	-0.010 2	-0.022 2***	-0.244
	(-3.44)	(-0.98)	(-8.24)	(-3.26)	(-8.71)	(-0.89)	(-4.49)	(-0.44)

续表

农业生产经营	城镇		农村		东中部		西部	
	OLS 回归	IV 回归	OLS 回归	IV 回归	OLS 回归	IV 回归	OLS 回归	IV 回归
社区经济状况	−0.032 9 ***	0.158 **	−0.007 34	−0.267 ***	−0.039 5 ***	0.320 ***	−0.009 10	4.092
	(−4.54)	(2.93)	(−1.33)	(−3.76)	(−7.16)	(4.58)	(−1.25)	(0.41)
_cons	0.878	4.088 *	0.808	1.348	0.312	2.750	1.215	20.66
	(1.14)	(2.47)	(1.43)	(1.16)	(0.55)	(1.66)	(1.43)	(0.39)
样本数量	2 626	2 626	3 654	3 654	4 392	4 392	1 888	1 888

注：①括号内的数字为稳健标准误。

②* 表示 $p < 0.05$，即在 10%的水平上显著；** 表示 $p < 0.01$，即在 5%的水平上显著；*** 表示 $p < 0.001$，即在 1%的水平上显著。

数据来源：2016 年全国劳动力动态调查（CLDS）微观数据。

表 B-11　劳动力流动的回归结果（1）

劳动力流动	男性		女性		年龄<=40 小于 40		年龄>40 大于 40	
	OLS 回归	IV 回归	OLS 回归	IV 回归	OLS 回归	IV 回归	OLS 回归	IV 回归
交通基础设施	0.013 0***	0.133***	0.016 9***	0.295***	0.016 9***	0.328***	0.012 4***	0.102***
	(5.54)	(3.65)	(5.76)	(3.50)	(6.27)	(3.38)	(4.85)	(3.30)
男性		0		0	−0.030 3*	0.060 8	−0.040 0**	−0.020 2
	(.)		(.)	(−2.54)	(1.55)	(−2.88)	(−1.13)	
年龄	0.011 6	0.006 35	−0.049 1*	−0.014 0	−0.072 1*	−0.079 9	−0.071 5	0.043 1
(0.43)	(0.18)	(−2.23)	(−0.30)	(−2.36)	(−1.15)	(−0.86)	(0.41)	
年龄平方	−0.000 105	−0.000 080 4	0.000 492*	0.000 088 2	0.000 776*	0.000 847	0.000 664	−0.000 371
	(−0.41)	(−0.24)	(2.16)	(0.18)	(2.26)	(1.09)	(0.89)	(−0.39)
教育年限	0.000 341	−0.005 90*	0.004 58**	−0.018 1*	0.001 50	−0.025 3**	0.003 38*	−0.001 10
	(0.23)	(−2.16)	(2.92)	(−2.40)	(0.93)	(−2.78)	(2.37)	(−0.48)
城市户口	0.213***	0.017 8	0.056 0**	−0.461**	0.125***	−0.433*	0.175***	0.031 3
	(14.92)	(0.29)	(2.93)	(−2.86)	(7.46)	(−2.44)	(10.87)	(0.59)
自评健康	0.005 70	−0.071 2*	0.003 50	−0.198*	0.013 3	−0.192*	−0.004 28	−0.064 3*
	(0.30)	(−2.08)	(0.14)	(−2.53)	(0.60)	(−2.37)	(−0.21)	(−2.01)
已婚		0	−0.039 0	−0.087 0	−0.009 58	0.005 76	−0.057 0	−0.098 9
		(.)	(−1.29)	(−1.37)	(−0.25)	(0.07)	(−1.34)	(−1.89)
家庭财富对数	0.002 02	0.000 025 4	−0.007 43*	−0.011 5	−0.002 41	0.011 7	−0.002 08	−0.009 06*
	(0.72)	(0.01)	(−2.20)	(−1.64)	(−0.75)	(1.37)	(−0.71)	(−2.14)

续表

劳动力流动	男性		女性		年龄<=40 小于 40		年龄>40 大于 40	
	OLS 回归	IV 回归	OLS 回归	IV 回归	OLS 回归	IV 回归	OLS 回归	IV 回归
社区经济状况	−0.004 14	−0.094 8***	0.007 64	−0.187**	−0.001 12	−0.235**	0.004 27	−0.059 0**
	(−1.02)	(−3.39)	(1.54)	(−3.13)	(−0.24)	(−3.20)	(0.98)	(−2.65)
_cons	−0.379	−0.547	1.279*	−0.257	1.670*	0.721	1.981	−1.390
	(−0.55)	(−0.59)	(2.41)	(−0.22)	(2.43)	(0.46)	(0.87)	(−0.47)
样本数量	3 397	3 397	2 883	2 883	3 236	3 236	3 044	3 044

注：①括号内的数字为稳健标准误。

②* 表示 $p < 0.05$，即在 10%的水平上显著；** 表示 $p < 0.01$，即在 5%的水平上显著；*** 表示 $p < 0.001$，即在 1%的水平上显著。

数据来源：2016 年全国劳动力动态调查（CLDS）微观数据。

表 B-12　劳动力流动的回归结果（2）

劳动力流动	城镇		农村		东中部		西部	
	OLS 回归	IV 回归	OLS 回归	IV 回归	OLS 回归	IV 回归	OLS 回归	IV 回归
交通基础设施	0.035 9***	0.177***	−0.001 26	0.006 57	0.021 7***	0.198***	0.004 57	1.758
	(10.39)	(3.41)	(−0.73)	(0.27)	(8.91)	(4.66)	(1.54)	(0.41)
男性	−0.029 2	0.004 12	−0.045 2***	−0.043 3***	−0.036 7***	−0.000 586	−0.032 8*	0.495
	(−1.71)	(0.16)	(−5.71)	(−4.40)	(−3.44)	(−0.03)	(−2.00)	(0.38)
年龄	−0.030 4	0.010 9	−0.020 1	−0.021 2	−0.033 4*	−0.031 8	−0.023 8	0.162
(−1.11)	(0.29)	(−1.80)	(−1.81)	(−2.15)	(−1.38)	(−0.93)	(0.28)	
年龄平方	0.000 298	−0.000 152	0.000 207	0.000 217	0.000 321*	0.000 272	0.000 253	−0.001 76
	(1.11)	(−0.40)	(1.90)	(1.90)	(2.11)	(1.21)	(1.01)	(−0.29)
教育年限	0.004 95*	−0.006 15	−0.000 114	−0.000 536	0.002 93*	−0.003 95	0.002 34	−0.172
	(2.34)	(−1.26)	(−0.12)	(−0.33)	(2.30)	(−1.57)	(1.19)	(−0.40)
城市户口	−0.012 6	−0.232**	0.699***	0.703***	0.143***	−0.161*	0.133***	−2.985
	(−0.70)	(−2.77)	(30.22)	(27.69)	(10.48)	(−2.12)	(5.97)	(−0.39)
自评健康	−0.021 8	−0.113*	0.014 5	0.008 83	−0.012 1	−0.125***	0.045 1	−0.655
	(−0.74)	(−2.24)	(1.10)	(0.40)	(−0.68)	(−3.31)	(1.55)	(−0.37)
已婚	−0.061 2	−0.014 2	0.025 2	0.019 1	−0.025 1	0.022 8	−0.022 5	−1.198
	(−1.19)	(−0.21)	(0.95)	(0.58)	(−0.70)	(0.42)	(−0.49)	(−0.41)
家庭财富对数	−0.007 95*	−0.011 4*	−0.002 97	−0.002 84	−0.000 214	−0.006 84	−0.007 13	0.077 9
	(−1.98)	(−2.15)	(−1.48)	(−1.39)	(−0.08)	(−1.61)	(−1.87)	(0.36)

续表

劳动力流动	城镇		农村		东中部		西部	
	OLS 回归	IV 回归	OLS 回归	IV 回归	OLS 回归	IV 回归	OLS 回归	IV 回归
社区经济状况	-0.014 1 *	-0.105 **	0.003 02	-0.002 51	-0.003 52	-0.108 ***	0.0142 *	-1.561
	(-2.15)	(-3.05)	(1.08)	(-0.14)	(-0.91)	(-4.19)	(2.52)	(-0.40)
_cons	0.859	-0.671	0.545	0.557	0.825 *	0.114	0.630	-6.837
	(1.23)	(-0.64)	(1.92)	(1.94)	(2.08)	(0.19)	(0.96)	(-0.34)
样本数量	2 626	2 626	3 654	3 654	4 392	4 392	1 888	1 888

注：①括号内的数字为稳健标准误。

② * 表示 $p < 0.05$，即在 10%的水平上显著； ** 表示 $p < 0.01$，即在 5%的水平上显著； *** 表示 $p < 0.001$，即在 1%的水平上显著。

数据来源：2016 年全国劳动力动态调查（CLDS）微观数据。

表 B-13　年收入对数的回归结果（1）

年收入对数	男性		女性		年龄<=40 小于 40		年龄>40 大于 40	
	OLS 回归	IV 回归	OLS 回归	IV 回归	OLS 回归	IV 回归	OLS 回归	IV 回归
交通基础设施	0. 065 7 ***	1. 624 ***	0. 070 3 ***	1. 952 ***	0. 051 7 ***	2. 210 ***	0. 081 3 ***	1. 411 ***
	(7. 08)	(4. 93)	(6. 77)	(3. 77)	(4. 97)	(3. 53)	(9. 00)	(5. 37)
男性		0		0	−0. 049 9	0. 581 *	0. 034 3	0. 328 *
	(.)		(.)	(−1. 09)	(2. 31)	(0. 70)	(2. 16)	
年龄	0. 154	0. 085 6	0. 091 7	0. 329	0. 002 06	−0. 051 7	0. 199	1. 901 *
(1. 46)	(0. 27)	(1. 18)	(1. 17)	(0. 02)	(−0. 12)	(0. 68)	(2. 11)	
年龄平方	−0. 001 35	−0. 001 03	−0. 000 796	−0. 003 53	0. 000 230	0. 000 722	−0. 001 83	−0. 017 2 *
(−1. 34)	(−0. 34)	(−0. 99)	(−1. 20)	(0. 17)	(0. 14)	(−0. 69)	(−2. 11)	
教育年限	0. 000 782	−0. 080 6 **	−0. 011 7 *	−0. 165 ***	−0. 003 84	−0. 190 **	−0. 008 03	−0. 074 5 ***
	(0. 13)	(−3. 26)	(−2. 12)	(−3. 56)	(−0. 62)	(−3. 23)	(−1. 59)	(−3. 82)
城市户口	−0. 132 *	−2. 672 ***	−0. 058 5	−3. 555 ***	−0. 059 0	−3. 923 ***	−0. 149 **	−2. 282 ***
	(−2. 34)	(−4. 76)	(−0. 86)	(−3. 60)	(−0. 92)	(−3. 43)	(−2. 62)	(−5. 07)
自评健康	0. 280 ***	−0. 722 *	0. 171 *	−1. 193 *	0. 228 **	−1. 197 *	0. 227 **	−0. 663 *
	(3. 75)	(−2. 32)	(1. 99)	(−2. 48)	(2. 68)	(−2. 29)	(3. 11)	(−2. 43)
已婚		0	0. 168	−0. 156	0. 207	0. 314	0. 084 0	−0. 538
		(.)	(1. 57)	(−0. 40)	(1. 39)	(0. 56)	(0. 56)	(−1. 21)
家庭财富对数	0. 051 2 ***	0. 025 2	0. 060 4 ***	0. 033 2	0. 037 9 **	0. 136 *	0. 071 8 ***	−0. 031 9
	(4. 64)	(0. 74)	(5. 05)	(0. 77)	(3. 05)	(2. 47)	(6. 89)	(−0. 88)

续表

年收入对数	男性		女性		年龄<=40 小于 40		年龄>40 大于 40	
	OLS 回归	IV 回归	OLS 回归	IV 回归	OLS 回归	IV 回归	OLS 回归	IV 回归
社区经济状况	0.295***	-0.888***	0.306***	-1.010**	0.366***	-1.258**	0.230***	-0.709***
	(18.30)	(-3.50)	(17.39)	(-2.76)	(20.50)	(-2.65)	(14.85)	(-3.73)
_cons	1.577	-0.618	3.132	-7.255	5.125	-1.453	0.404	-49.61*
	(0.58)	(-0.07)	(1.67)	(-1.01)	(1.94)	(-0.14)	(0.05)	(-1.97)
样本数量	3 397	3 397	2 883	2 883	3 236	3 236	3 044	3 044

注：①括号内的数字为稳健标准误。

②*表示 $p < 0.05$，即在 10%的水平上显著；**表示 $p < 0.01$，即在 5%的水平上显著；***表示 $p < 0.001$，即在 1%的水平上显著。

数据来源：2016 年全国劳动力动态调查（CLDS）微观数据。

表 B-14　年收入对数的回归结果（2）

年收入对数	城镇		农村		东中部		西部	
	OLS 回归	IV 回归	OLS 回归	IV 回归	OLS 回归	IV 回归	OLS 回归	IV 回归
交通基础设施	0.058 6***	0.998***	0.067 1***	-2.328***	0.060 1***	2.000***	0.058 0***	2.884
	(6.90)	(4.21)	(6.35)	(-3.98)	(6.84)	(5.55)	(5.07)	(0.41)
男性	-0.061 1	0.162	0.008 04	-0.561*	-0.004 97	0.392*	-0.052 0	0.799
	(-1.46)	(1.41)	(0.17)	(-2.39)	(-0.13)	(2.57)	(-0.83)	(0.37)
年龄	0.097 7	0.374*	0.111	0.467	0.083 4	0.101	0.113	0.413
	(1.45)	(2.14)	(1.62)	(1.67)	(1.49)	(0.52)	(1.15)	(0.44)
年龄平方	-0.000 836	-0.003 84*	-0.000 944	-0.004 23	-0.000 711	-0.001 25	-0.000 973	-0.004 22
	(-1.27)	(-2.20)	(-1.41)	(-1.55)	(-1.29)	(-0.65)	(-1.01)	(-0.43)
教育年限	0.006 40	-0.067 8**	-0.015 4**	0.114**	-0.008 34	-0.084 1***	-0.002 93	-0.283
	(1.23)	(-3.03)	(-2.72)	(2.96)	(-1.81)	(-3.95)	(-0.39)	(-0.41)
城市户口	-0.300***	-1.769***	0.044 7	-0.959	-0.150**	-3.497***	0.102	-4.924
	(-6.77)	(-4.60)	(0.31)	(-1.58)	(-3.04)	(-5.44)	(1.18)	(-0.39)
自评健康	0.173*	-0.434	0.254**	1.987***	0.235***	-1.012**	0.059 4	-1.068
	(2.39)	(-1.88)	(3.14)	(3.77)	(3.66)	(-3.15)	(0.53)	(-0.37)
已婚	0.279*	0.593	0.096 9	1.963*	0.135	0.663	0.178	-1.716
	(2.22)	(1.91)	(0.59)	(2.52)	(1.04)	(1.43)	(1.01)	(-0.36)
家庭财富对数	0.036 8***	0.014 1	0.054 0***	0.016 4	0.064 9***	-0.008 03	0.010 9	0.148
	(3.74)	(0.58)	(4.37)	(0.33)	(6.75)	(-0.22)	(0.74)	(0.42)

续表

年收入对数	城镇		农村		东中部		西部	
	OLS 回归	IV 回归	OLS 回归	IV 回归	OLS 回归	IV 回归	OLS 回归	IV 回归
社区经济状况	0. 331 ***	-0. 278	0. 243 ***	1. 934 ***	0. 322 ***	-0. 833 ***	0. 237 ***	-2. 301
	(20. 58)	(-1. 76)	(14. 18)	(4. 63)	(22. 94)	(-3. 80)	(10. 97)	(-0. 37)
_cons	3. 071	-7. 162	2. 839	-0. 678	3. 376 *	-4. 457	3. 123	-8. 914
	(1. 79)	(-1. 48)	(1. 62)	(-0. 10)	(2. 36)	(-0. 86)	(1. 24)	(-0. 27)
样本数量	2 626	2 626	3 654	3 654	4 392	4 392	1 888	1 888

注：①括号内的数字为稳健标准误。

②* 表示 $p < 0.05$，即在 10%的水平上显著； ** 表示 $p < 0.01$，即在 5%的水平上显著； *** 表示 $p < 0.001$，即在 1%的水平上显著。

数据来源：2016 年全国劳动力动态调查（CLDS）微观数据。